上海市盲童学校

U0745925

视障儿童康复教育教学资源

视觉功能训练

徐洪妹　主编

陈雅玲　编著

上海教育出版社
SHANGHAI EDUCATIONAL
PUBLISHING HOUSE

图书在版编目（CIP）数据

视障儿童康复教育教学资源. 视觉功能训练 / 陈雅
玲编著. —上海：上海教育出版社，2023.3
ISBN 978-7-5720-1810-7

Ⅰ.①视… Ⅱ.①陈… Ⅲ.①视觉障碍－儿童教育－
特殊教育－教学参考资料 Ⅳ.①G761

中国国家版本馆CIP数据核字(2023)第053939号

责任编辑　李　祥　徐青莲　沈明玥
封面设计　蒋　妤

视障儿童康复教育教学资源　视觉功能训练
徐洪妹　主编
陈雅玲　编著

出版发行　上海教育出版社有限公司
官　　网　www.seph.com.cn
地　　址　上海市闵行区号景路159弄C座
邮　　编　201101
印　　刷　苏州工业园区美柯乐制版印务有限责任公司
开　　本　890×1240　1/16　印张 49.5（全11册）
字　　数　435 千字（全11册）
版　　次　2023年7月第1版
印　　次　2023年7月第1次印刷
书　　号　ISBN 978-7-5720-1810-7/G·1652
定　　价　350.00 元（全11册）

如发现质量问题，读者可向本社调换　电话：021-64373213

前　言

　　上海市盲童学校始创于1912年，是上海市唯一一所为视障儿童提供教育和服务的特殊教育公立学校。目前，我校形成了涵盖学前、小学、初中、高中及中职各学段，包含盲、低视力、多重障碍三大类型的高等教育以下完整视障教育体系。百余年间，我校勇于探索，在学科教学、德育、艺术和体育教育等方面取得了卓越成就，探索出了一套完整的课程体系。

　　近年来，视障儿童的障碍类型呈现多样化、复杂化的趋势，且障碍程度愈加严重，视障兼有其他障碍的儿童数量越来越多。而传统的教育教学体系难以使视障儿童的发展达到最佳程度，无法满足视障儿童全面融入社会的要求。因此，在新时期党和国家要求建设高质量特殊教育体系的背景下，我校自2010年起开始了新的探索和实践，整合教育、心理、医学、康复等专业资源，构建教育与康复相结合的视障教育体系。同时，"视障儿童教育、康复与保健相结合的实践研究"被立项为上海市市级重点课题。在课题引领下，我们拓展了康复的内涵，将保健融合其中，形成了视障儿童个性化教育与康复的实践模式。这一模式最大程度地满足了视障儿童个性化、差异性的教育与康复需求，促进了视障儿童的最优发展，提高了视障儿童的生命质量。

　　我校的"视障儿童个性化教育康复实践模式的研究"项目荣获2017年上海市教学成果奖特等奖和2018年基础教育国家级教学成果奖二等奖。《视障儿童个性化教育与康复的实践研究》《视障儿童康复教育教学资源》就是该项目的成果荟萃。这两套书是上海市盲童学校

1

历时十余年教育实践成果的高度凝练，体现的是我校对视障儿童发展的高度关心，对视障教育内涵的深度拓展，对自身教育使命的深刻认知。《视障儿童个性化教育与康复的实践研究》一书从研究与创新、案例与实践两个维度展开，全面展示了视障儿童个性化教育与康复的实践经验；《视障儿童康复教育教学资源》则是十一个领域教学内容和教学资源的精彩展示。

《视障儿童康复教育教学资源》共十一册，分别为：视觉功能训练、定向行走训练、运动康复、感觉统合、认知发展、言语与语言训练、作业治疗、心理康复、社会适应、职业康复和保健。该套教学资源从视障儿童身心特点出发进行编写，各分册既相互独立，又相互关联。每册教学资源根据"单元—课文—训练"的体例进行编写，主题鲜明，要点突出，内容丰富，具有很强的教学指导性。同时，该套教学资源图文并茂，条理清晰，适合视障儿童使用。

这两套书的出版，聚十余年之力，集众人之心血。一路走来，风雨兼程，薪火相传，展现了我校所有师生为之努力奋斗的精神力量，这种精神源于我们为视障儿童"点亮心灯"的不懈努力。"路漫漫其修远兮"，我们将不忘从事特殊教育的初心，秉承老一辈视障教育工作者的优良传统，以为视障儿童提供优质教育为己任，继往开来，不断前行。

编者

2023 年 4 月

目 录

第一单元

视觉认知

第1课 认颜色

学一学

说说下面物体是什么颜色的。

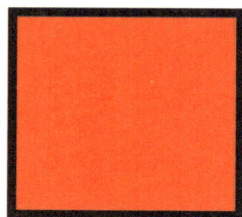

红色

绿色

黄色

练一练

1. 指出下面物体的颜色。

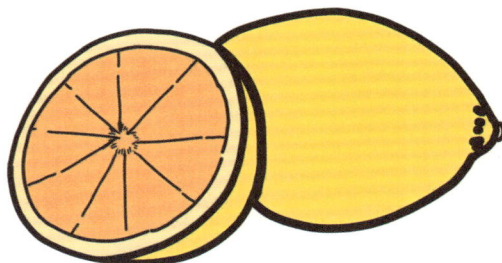

2. 指出下面物体的颜色，并勾画出它们的边框。

找找生活中还有哪些物品是红色、绿色和黄色的。

第 2 课　认形状

学一学

说说下面物体是什么形状的。

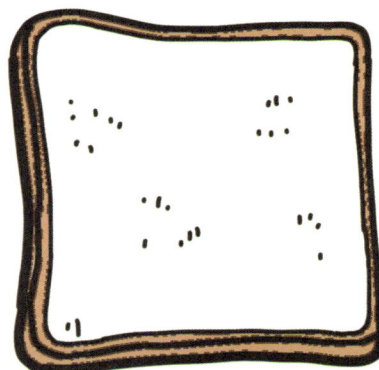

正方形

长方形

圆形

练一练

1. 指出下面物体的形状。

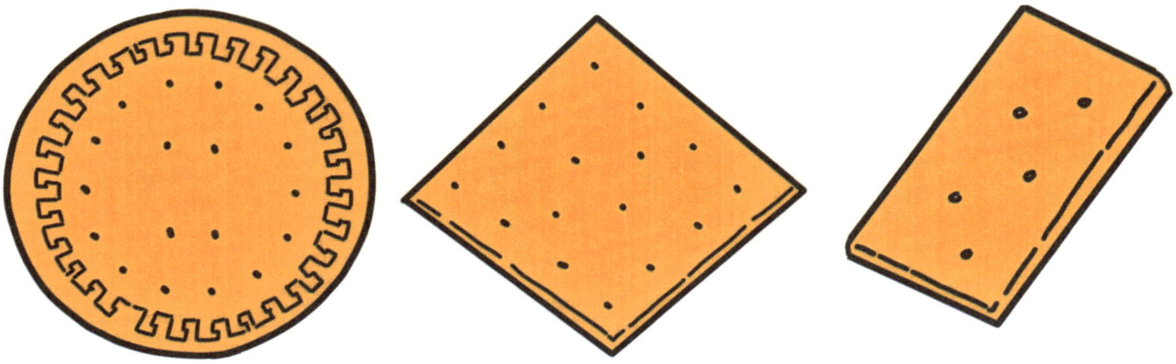

2. 用不同颜色的笔分别勾画出下图中的正方形、长方形和圆形。

拓展

找找生活中还有哪些物品是长方形、正方形和圆形的。

第 3 课　认大小

学一学

1. 分辨下面物体的大小。

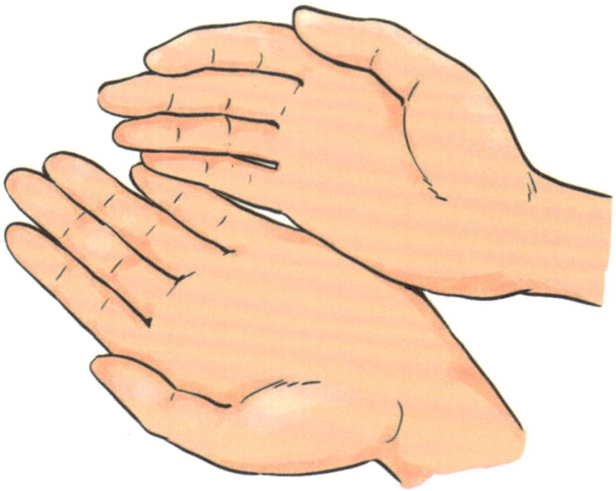

大 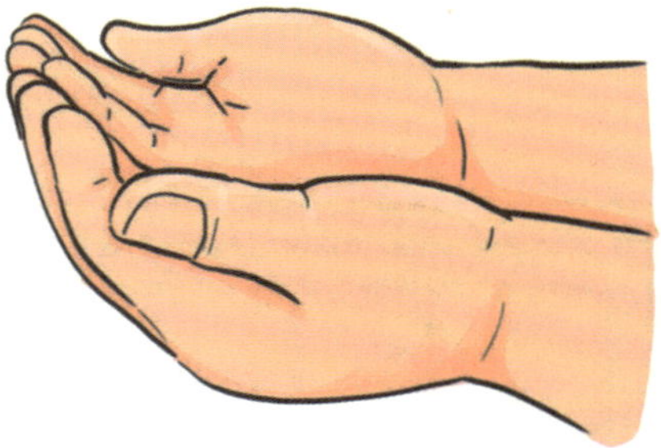　　　　　　　　　　　小

大 　　　　　　　　　　　小

2. 分辨下面物体的长短。

短

短

长

长

3. 分辨下面物体的曲直。

直

曲

 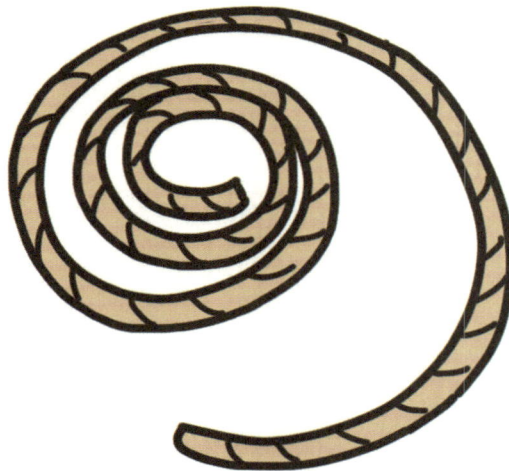

直

曲

练一练

1. 用三种不同颜色的笔，分别勾画出下图中大和小、长和短、曲和直的形状。

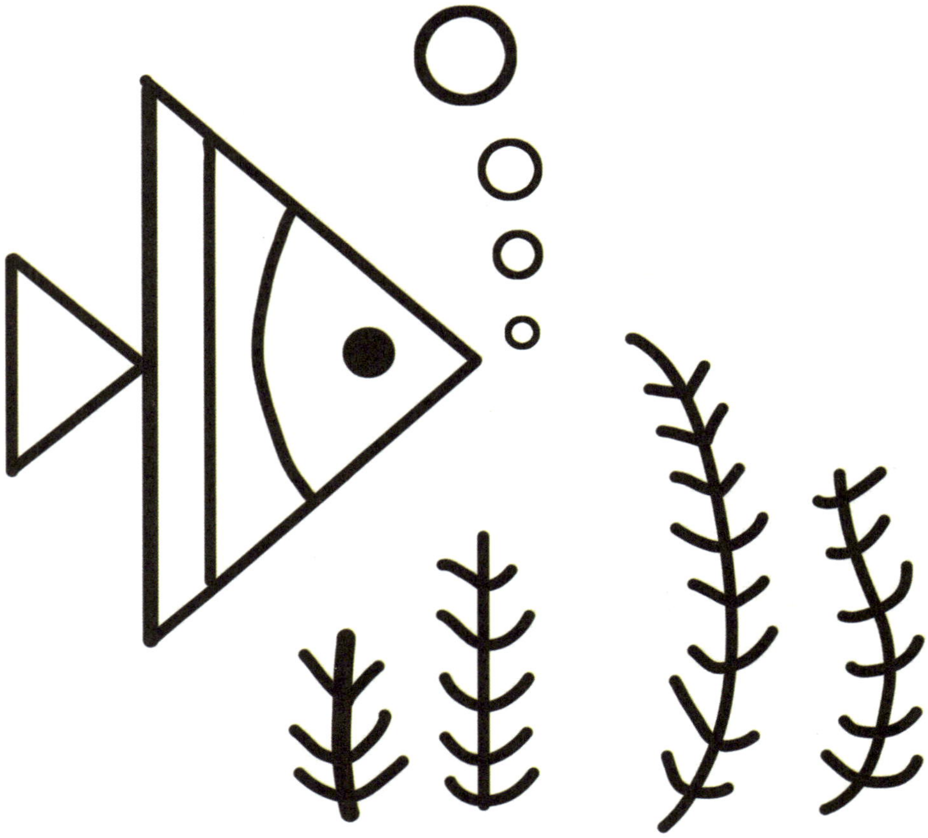

2. 找出身边大和小、长和短、曲和直不同的物体。

拓展

找找身边有"大、小，长、短，曲、直"之别的物体。

第二单元

视觉辨别

第4课　辨一辨

学一学

1. 说说下面物体的颜色，并在括号内贴上相同颜色的贴纸。

（　　　　　）

（　　　　　）

（　　　　　）

（　　　　　）

（　　　　）　　　　　　　（　　　　）

2. 说说下图中包含哪些颜色。

练一练

1. 给下面物体涂色。

2. 根据自己的喜好，在下图中由里及外一圈涂一种颜色。

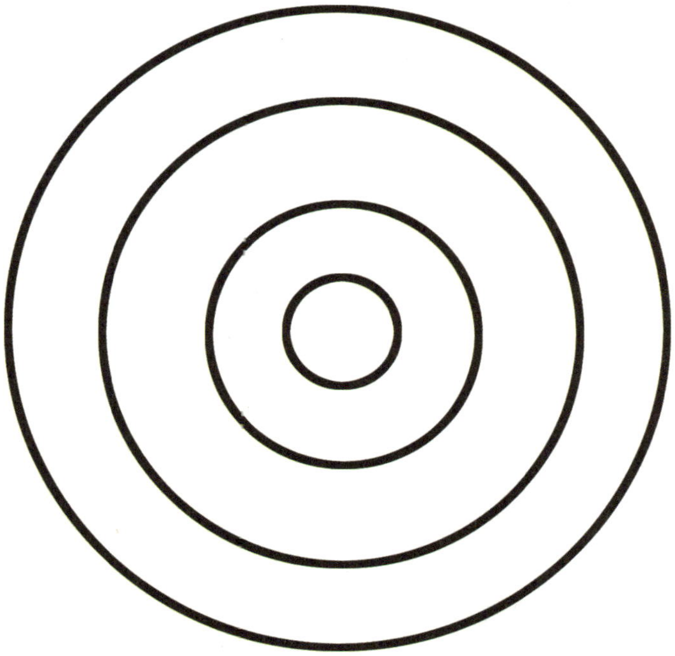

![拓展]

说说你和同学的衣服是什么颜色的。

第5课 猜一猜

学一学

说说下面物体的形状，并填在括号内。

（　　　　　）   （　　　　　）

（　　　　　）   （　　　　　）

（   ）

（   ）

（   ）

（   ）

（   ）

练一练

1. 下图中有哪几种图形？找一找，并说出图形的名称。

2. 找出下图中的三种基本图形。

拓展

在家里或教室中找找你认识的图形，和家长或同学说一说。

第 6 课　比一比

学一学

观察下面图片，说说这些物体的不同之处。

练一练

1. 挑选同种的两个物体，比较它们的大小，并把它们的实物照片贴在下面。

2. 挑选同种的两个物体，比较它们的长短，并把它们的实物照片贴在下面。

拓展

选择生活中常见的物品，和同学或家长一起做比大小或比长短的游戏。

第三单元

视觉记忆

第7课　排一排

🎯 学一学

仔细观察下面图片，说说横线上缺了什么。

234　　　　**234**　　　　___**34**

✈ 游戏

游戏1：凭记忆说说出现过又被拿走的东西。

游戏2：记忆看过的物品的颜色和形状。

游戏3：按原来看过的顺序排列图片。

拓展

课间，将彩色积木、游戏棒等学具，按颜色、形状等规律自主进行排列。

第 8 课　补一补

　　先看清楚第一幅图中完整物体的各个部分，再说出下方图片中物体缺少的部分。

　　1. 台灯

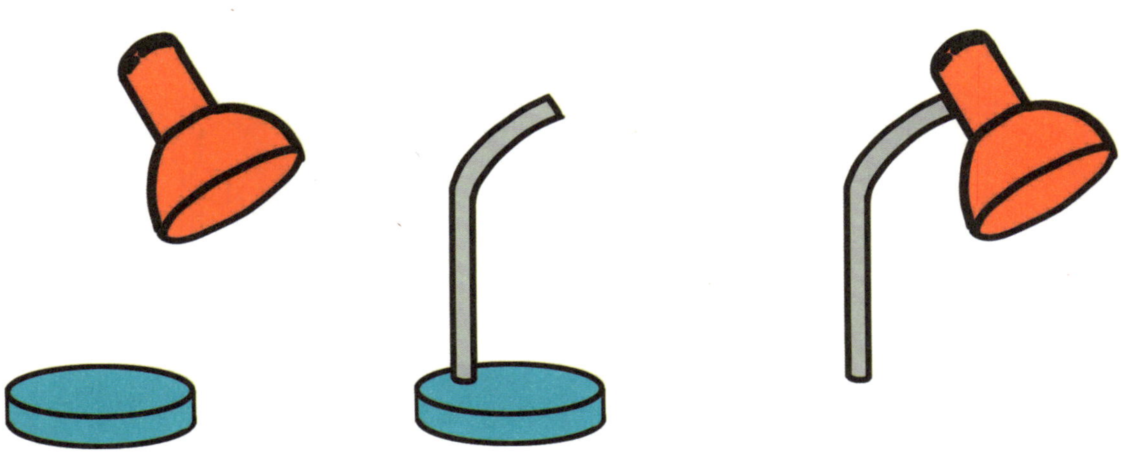

2. 电话机

练一练

先仔细观察第一幅图中完整物体的各个部分, 再找出下方四幅图中的缺项部分, 最后用笔把缺项部分补充完整。

拓展

　　根据左边第一幅图中物体的完整图形，画出右边四幅图中的缺项部分。

第9课　拼一拼

学一学

说说每个小块是整个物体的哪一部分。

练一练

仔细观察后，说说每个小图是整体图形的哪一部分。

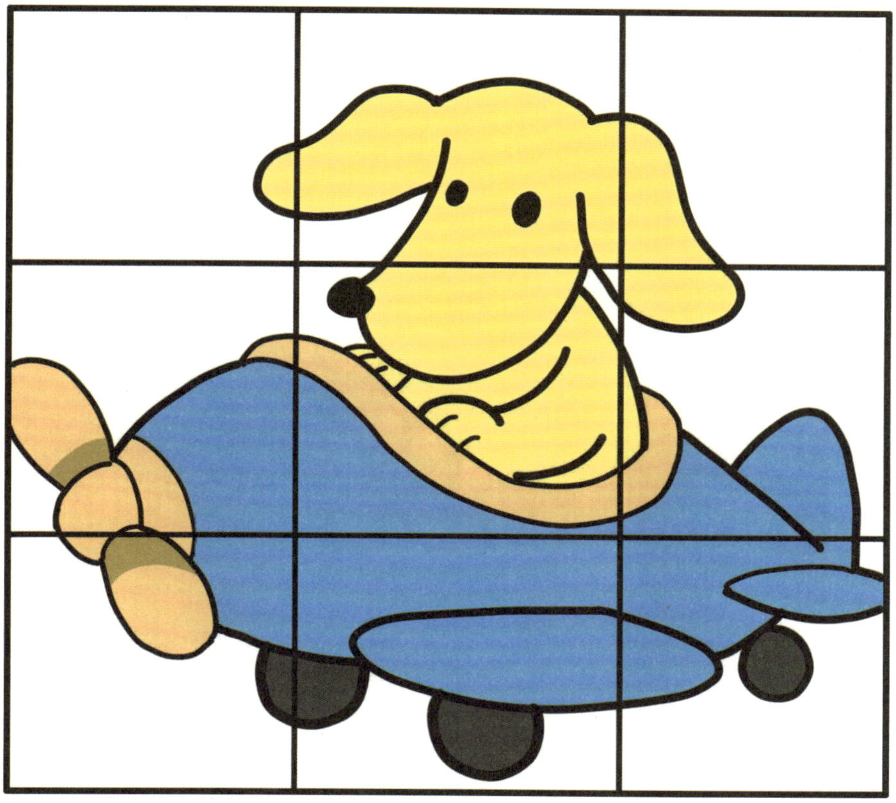

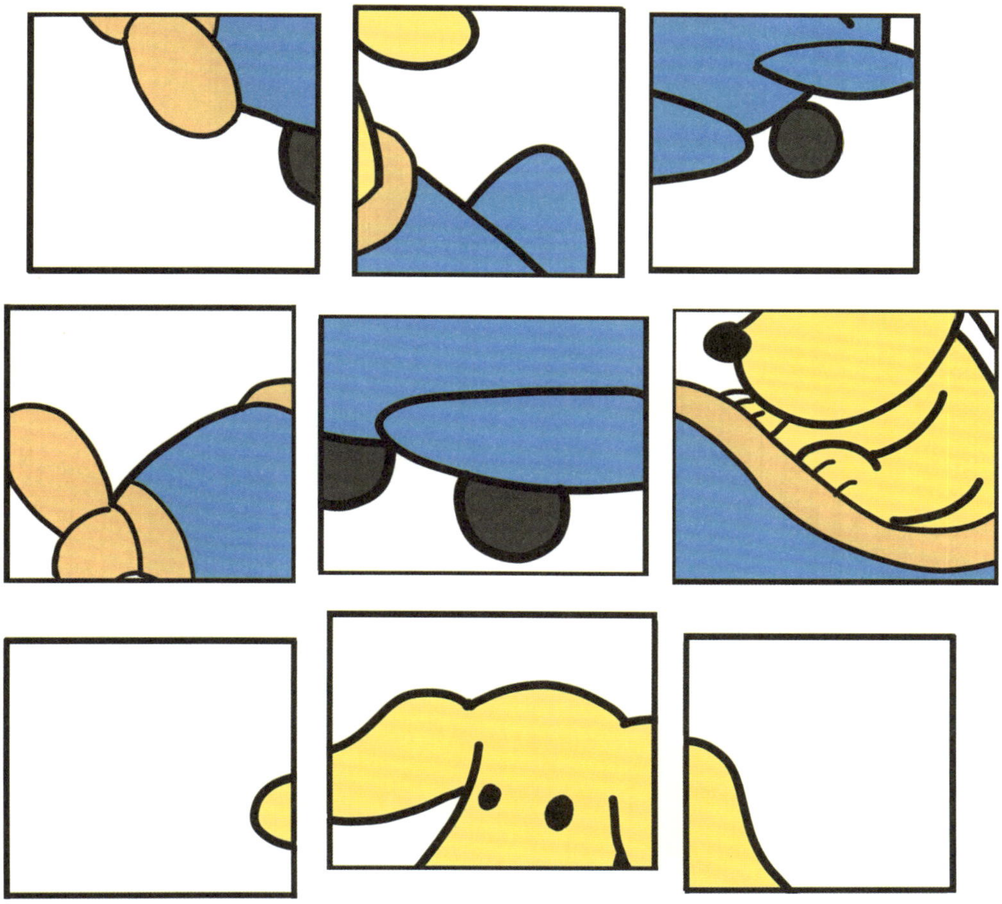

游戏

搭拼图积木（从 6 块到 9 块，再到 12 块）。

拓展

　　课间，和同学进行拼图积木游戏，比一比谁速度快、准确率高、拼得块数多。

第 10 课　找一找

学一学

说说下图是由哪几个图形组成的。

练一练

用笔勾画出下图中的基本图形。

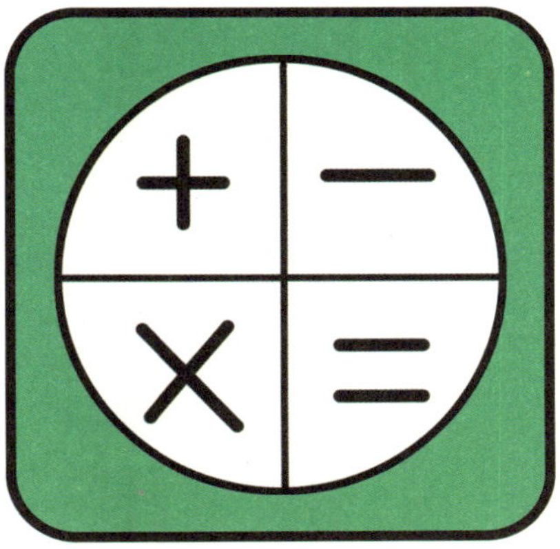

拓展

观察下面两幅图，你有什么发现？

4根

3根

第四单元

视觉注视

第 11 课　我会认

学一学

说说下面物体的名称。

练一练

1. 选取生活中常见的物品，如手套、袜子、桌子、椅子等，说说它们的名称。

2. 在教室、校园中指认物体，并说出它们的名称。

拓展

在家中、商场里指认物体，并说出它们的名称。

第 12 课　我会指

学一学

1. 静止站立，用手指指出下列方位：

上、下、前、后、左、右、中；

右前、右后、左前、左后。

左

2. 以一种水果为标准，说说其他水果在什么方位。

🦶 **练一练**

　　在教室里，说说黑板、讲台、植物角、图书栏等分别在哪个方位。

⚛ **拓展**

　　和同学在操场上轮流做方位游戏。

第 13 课　我会找

比一比，找找下面每组物体之间有什么不同。

1. 第一组

2. 第二组

3. 第三组

4. 第四组

5. 第五组

6. 第六组

练一练

下面两幅图有哪几处不同？

拓展

指出下图中物体的不同之处。

第五单元

视觉追寻

第 14 课　我会看

学一学

先找到第一行左边行头，眼睛跟着图中的线从左往右看。看到行尾后，说说看到什么？

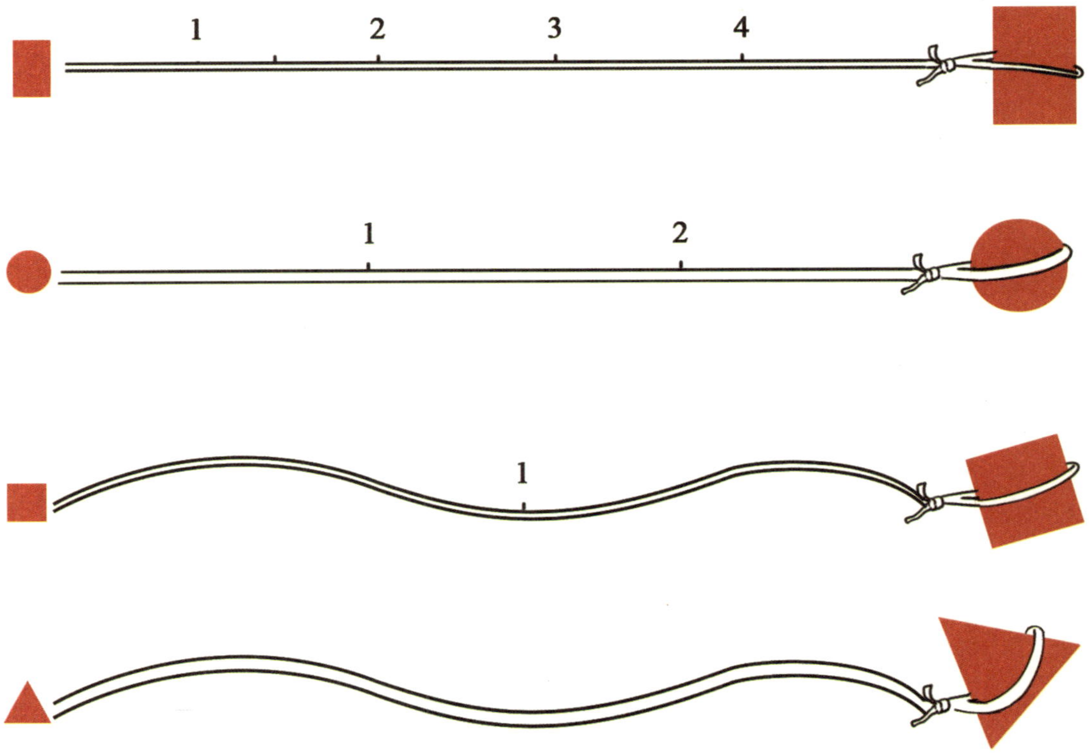

练一练

1. 给每人发一副象棋，并把棋子依次放在棋盘每一行第一个格子里，然后从左往右移动棋子。开始时移动一格，接下来依次根据情况移动 2 格或多格。

2. 小女孩在钓鱼，她钓到了哪条鱼呢？

拓展

读短文，要求：一行一行扫读，眼动，头不动。

好消息

三月的微风把好消息轻声告诉了一朵云，云儿背着许多小雨滴。

雨滴噼噼啪啪落下来，把好消息告诉了树上的一朵花儿。正在采蜜的小蜜蜂听到了好消息，就嗡嗡地唱着歌告诉了山丘上的每一朵蒲公英。虽然蒲公英一句话也不说，但她们的脸儿在雨后的阳光下露出了笑容。

现在每一个人都知道了这个好消息——春天来了！

第 15 课　我会描

学一学

用笔描一描下面的线条和图形。

练一练

描画下面的图形。

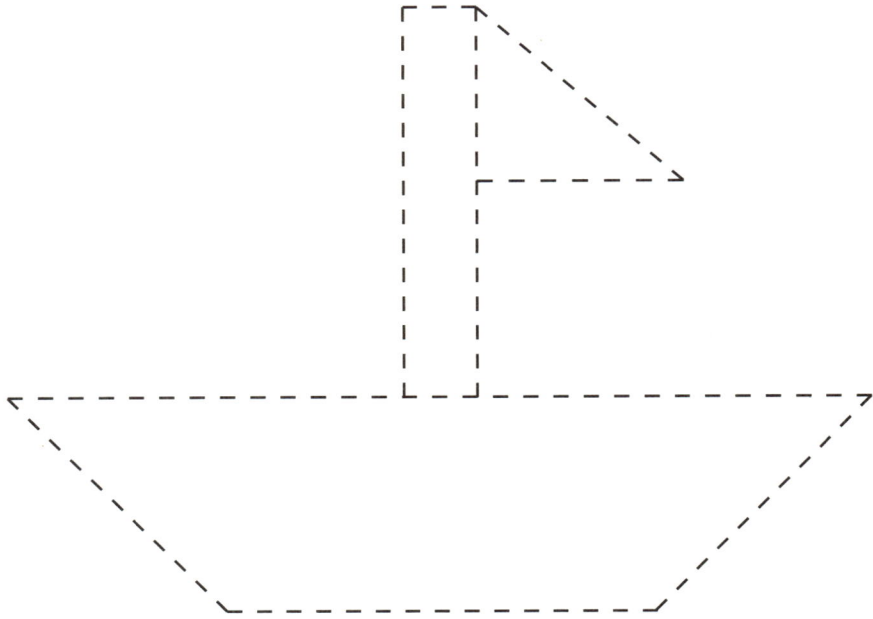

游戏

1. 绳子游戏

在教室的地面上交叉放置 3 根不同颜色的长绳，并在绳子旁放上不同物品（玩具或水果等），学生和老师分别站在绳子一头，学生使用单筒望远镜由近及远说出看到的物品的名称。

2. 地毯游戏

在教室或室外铺一块地毯，随意放置物品，学生由近及远指认，并说出名称。

拓展

教师分发练习图纸，让学生课后进行练习、巩固。

第 16 课　我会玩

学一学

翻看卡片，说一说。

1 One　1 像铅笔细又长	**6** Six　6 像哨子吹出响声
2 Two　2 像小鸭水中游	**7** Seven　7 像镰刀割青草
3 Three　3 像耳朵听声音	**8** Eight　8 像葫芦架上摇
4 Four　4 像小旗迎风飘	**9** Nine　9 像勺子能盛饭
5 Five　5 像秤钩称东西	**10** Ten　10 像油条和鸡蛋

游戏

游戏 1：翻卡片

要求：学生看老师手中的卡片，说出卡片上物品的名称。

游戏 2：保龄球

要求：扔保龄球，视线跟着球的运动而移动。

游戏 3：扔飞碟

要求：双人游戏，看着对方的飞碟移动并能接住。

游戏 4：遥控汽车

要求：视线跟着汽车的行走路线移动。

拓展

一人一球进行拍皮球运动。

要求：视线跟着皮球的运动而移动。

第 17 课　我会搜寻

学一学

读一读下面三组图中的数字，然后按照 1—10 的顺序把数字依次连起来。

1. 第一组

2. 第二组

3. 第三组

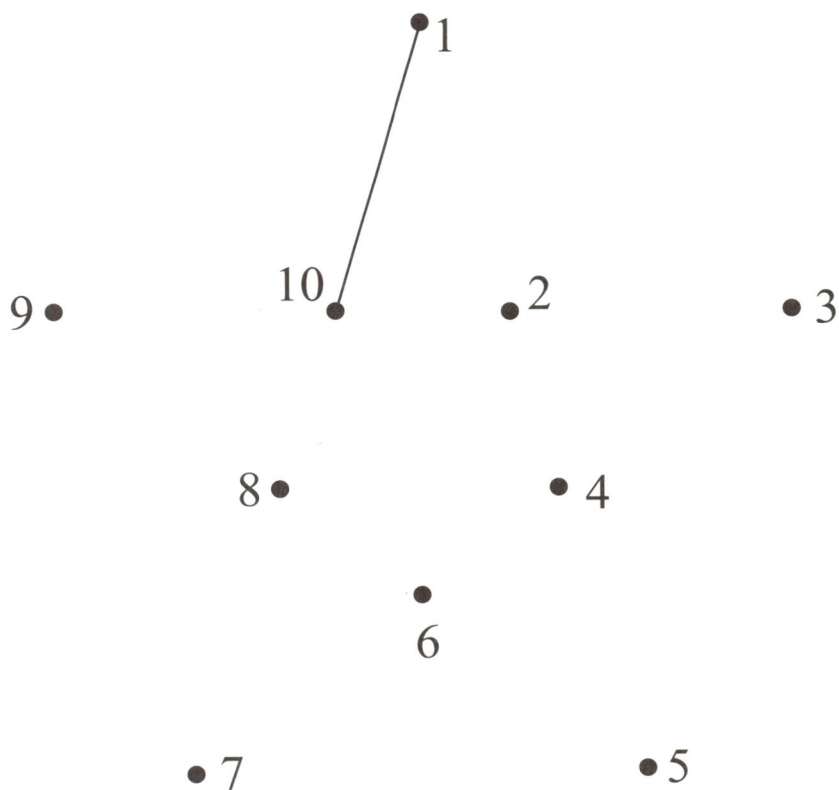

练一练

按照上面一排的图形顺序（从小到大），给下面一排的图形排队。

拓展

完成老师布置的视觉搜寻练习。

第六单元

我们的第二双"眼睛"

第18课　近用助视器

学一学

了解常见的近用助视器。

立式放大镜

镇纸式放大镜

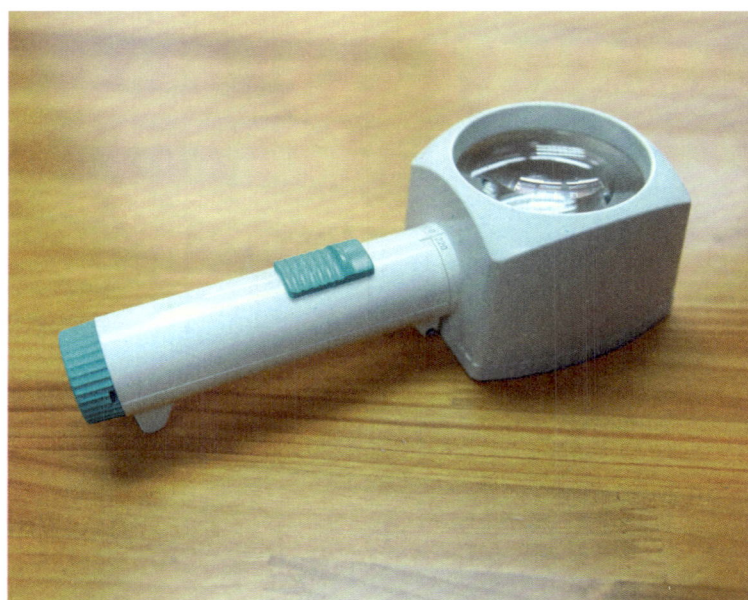

手持式光学助视器（带光源）

练一练

学习使用近用助视器。

我每天都会擦拭助视器！

第 19 课   远用助视器

学一学

了解常见的远用助视器。

单筒望远镜

台式远近两用电子助视器

便携式电子助视器

头戴／台式两用电子助视器

练一练

学习使用单筒望远镜。

不能用手触碰助视器的镜头！

第 20 课　学习环境的调整

🎯 学一学

了解良好的学习环境。

台灯

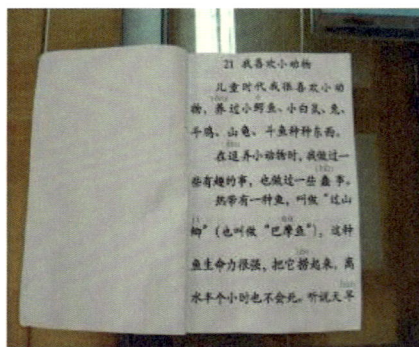

强对比度

阅读架

大字课本

滤光镜

遮阳帽

练一练

根据自己的需要，在书桌上添加台灯、阅读架等学习用品。

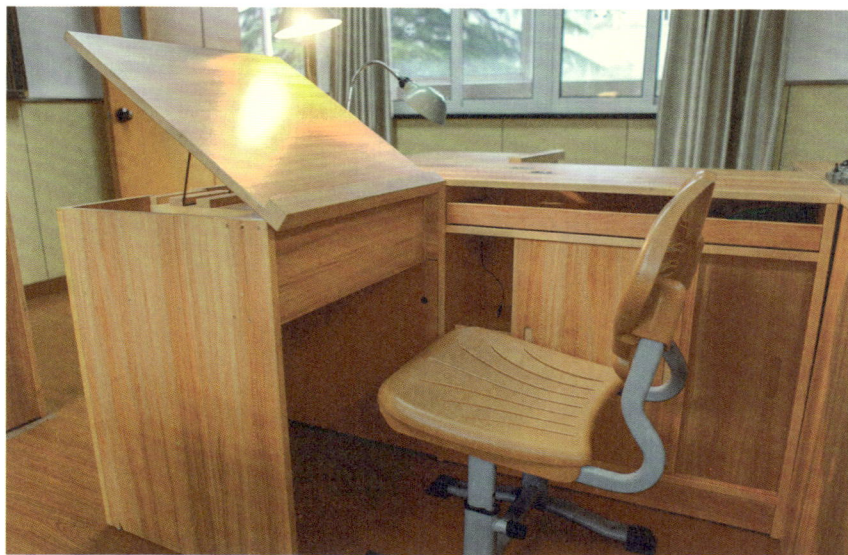

拓展

请同学根据各自不同的眼病特征，说说在日常生活和学习中增强视功能的方法。

上海市盲童学校

视障儿童康复教育教学资源

定向行走

徐洪妹　主编

张　健　编著

上海教育出版社
SHANGHAI EDUCATIONAL
PUBLISHING HOUSE

图书在版编目（CIP）数据

视障儿童康复教育教学资源. 定向行走 / 张健编著
. —上海：上海教育出版社，2022.12
ISBN 978-7-5720-1810-7

Ⅰ. ①视… Ⅱ. ①张… Ⅲ. ①视觉障碍 – 儿童教育
– 特殊教育 – 教学参考资料 Ⅳ. ①G761

中国版本图书馆CIP数据核字(2022)第242439号

责任编辑　李　祥　徐青莲　沈明玥
封面设计　蒋　妤

视障儿童康复教育教学资源　定向行走
徐洪妹　主编
张　健　编著

出版发行　上海教育出版社有限公司
官　　网　www.seph.com.cn
地　　址　上海市闵行区号景路159弄C座
邮　　编　201101
印　　刷　苏州工业园区美柯乐制版印务有限责任公司
开　　本　890×1240　1/16　印张 49.5（全11册）
字　　数　435千字（全11册）
版　　次　2023年7月第1版
印　　次　2023年7月第1次印刷
书　　号　ISBN 978-7-5720-1810-7/G·1652
定　　价　350.00 元（全11册）

如发现质量问题，读者可向本社调换　电话：021-64373213

前　言

　　上海市盲童学校始创于 1912 年，是上海市唯一一所为视障儿童提供教育和服务的特殊教育公立学校。目前，我校形成了涵盖学前、小学、初中、高中及中职各学段，包含盲、低视力、多重障碍三大类型的高等教育以下完整视障教育体系。百余年间，我校勇于探索，在学科教学、德育、艺术和体育教育等方面取得了卓越成就，探索出了一套完整的课程体系。

　　近年来，视障儿童的障碍类型呈现多样化、复杂化的趋势，且障碍程度愈加严重，视障兼有其他障碍的儿童数量越来越多。而传统的教育教学体系难以使视障儿童的发展达到最佳程度，无法满足视障儿童全面融入社会的要求。因此，在新时期党和国家要求建设高质量特殊教育体系的背景下，我校自 2010 年起开始了新的探索和实践，整合教育、心理、医学、康复等专业资源，构建教育与康复相结合的视障教育体系。同时，"视障儿童教育、康复与保健相结合的实践研究"被立项为上海市市级重点课题。在课题引领下，我们拓展了康复的内涵，将保健融合其中，形成了视障儿童个性化教育与康复的实践模式。这一模式最大程度地满足了视障儿童个性化、差异性的教育与康复需求，促进了视障儿童的最优发展，提高了视障儿童的生命质量。

　　我校的"视障儿童个性化教育康复实践模式的研究"项目荣获 2017 年上海市教学成果奖特等奖和 2018 年基础教育国家级教学成果奖二等奖。《视障儿童个性化教育与康复的实践研究》《视障儿童康复教育教学资源》就是该项目的成果荟萃。这两套书是上海市盲童学校

历时十余年教育实践成果的高度凝练，体现的是我校对视障儿童发展的高度关心，对视障教育内涵的深度拓展，对自身教育使命的深刻认知。《视障儿童个性化教育与康复的实践研究》一书从研究与创新、案例与实践两个维度展开，全面展示了视障儿童个性化教育与康复的实践经验；《视障儿童康复教育教学资源》则是十一个领域教学内容和教学资源的精彩展示。

《视障儿童康复教育教学资源》共十一册，分别为：视觉功能训练、定向行走训练、运动康复、感觉统合、认知发展、言语与语言训练、作业治疗、心理康复、社会适应、职业康复和保健。该套教学资源从视障儿童身心特点出发进行编写，各分册既相互独立，又相互关联。每册教学资源根据"单元—课文—训练"的体例进行编写，主题鲜明，要点突出，内容丰富，具有很强的教学指导性。同时，该套教学资源图文并茂，条理清晰，适合视障儿童使用。

这两套书的出版，聚十余年之力，集众人之心血。一路走来，风雨兼程，薪火相传，展现了我校所有师生为之努力奋斗的精神力量，这种精神源于我们为视障儿童"点亮心灯"的不懈努力。"路漫漫其修远兮"，我们将不忘从事特殊教育的初心，秉承老一辈视障教育工作者的优良传统，以为视障儿童提供优质教育为己任，继往开来，不断前行。

编者

2023 年 4 月

目　录

第一单元

助行器具

第1课　简易助行器的使用

助行器是指可以帮助我们安全独立行走的器具。你知道有哪些助行器吗?

玩具小推车类助行器

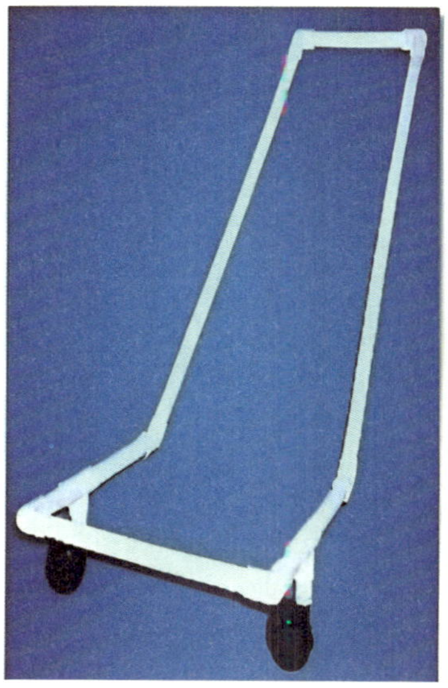

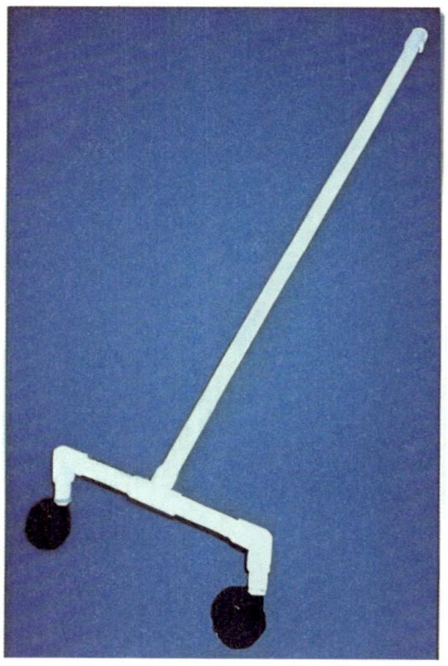

带轮子的助行器

不带轮子的助行器

练一练

试着使用助行器行走一段路程。注意助行器要放在身前一段距离，这样才能提前发现路况变化哦！

使用呼啦圈行走

3

第2课　我们的好朋友——盲杖

你知道盲杖是什么样的吗？

有些盲杖是直的，叫作直杖。有些盲杖是可以折叠的，叫作折杖。

直杖

折杖

还有专门给低视力学生使用的标志杖。

标志杖

练一练

比较一下这几种盲杖的相同之处和不同之处。

第 3 课　使用盲杖探索环境

使用盲杖探索周围环境，我们行走的范围更大了。

在楼道内行走

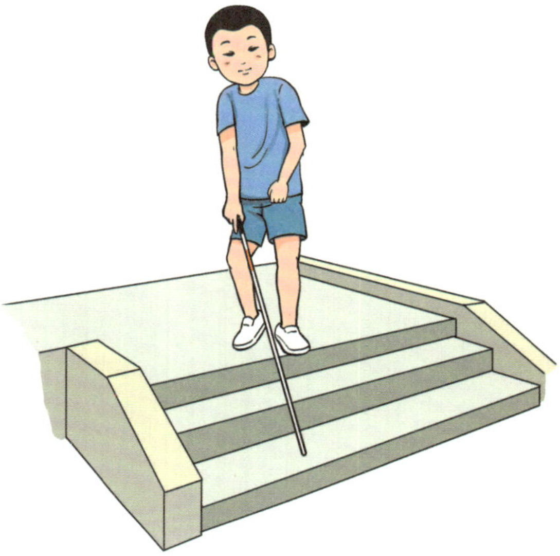

下楼

在人行道上行走

过马路

投送信件

练一练

使用盲杖探索一下身边的环境。

第二单元

美丽校园

第4课　教学区域

教学区域包括教室、专业教室、图书馆、教师办公室、操场等。

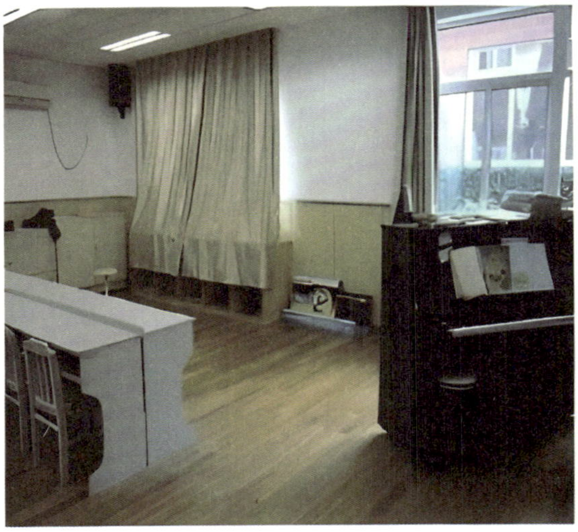

音乐教室

操场跑道

手工教室

图书馆吧台

图书馆书架

练一练

我们怎样从教室走到这些地方？试在空格处填写位置名称。

1. 从教室到手工楼

教室→教学楼西出口斜坡→_____马路→西马路→经过_____楼→手工楼。

2. 从教室到图书馆

教室→教学楼东出口楼梯→_____马路→经过_____楼→图书馆。

第5课　生活区域

生活区域包括宿舍、盥洗室、食堂、厕所等。

宿舍

盥洗室

食堂

厕所

练一练

我们怎样从教室走到食堂？试在空格处填写位置名称。

教室→教学楼＿＿＿＿＿＿斜坡→南马路向＿＿＿＿＿＿
走→＿＿＿＿＿＿马路向＿＿＿＿＿＿走→食堂。

第6课　其他设施

　　学校其他设施包括盲文印刷厂、行政楼、医务室、开水房、传达室等。

盲文印刷厂

行政楼

医务室

开水房

练一练

　　我们怎样从教室走到上述这些地方呢？

第三单元

基本概念

第7课　我们的身体

人体可分为头部、颈部、躯干、上肢和下肢五大部分。

胸

臂

手指

手腕

手

脚

膝盖

脚趾

- 头部包括眼、耳、口、鼻、额头、枕部、下颌（下巴）等。

想一想，我们的颈部在哪里？它可以连接哪两个部位呢？

• 躯干通过颈部与头相连，是胸部、背部和腹部、腰部的统称。

• 上肢通过肩关节与躯干相连，由肩、上臂、肘、前臂、腕、手掌、手背、手指构成。

• 下肢通过髋关节与躯干相连，由髋、臀、大腿、膝、小腿、内踝、外踝、脚掌、脚背、脚趾构成。

练一练

根据老师的指令指出我们身体的相应部位。

第 8 课　校园环境

校园路况：主要道路的通向、路面的形状、路面的质地等。

校园道路

校园跑道

常备设施：校门、通道、过道、墙、栅栏、电梯。

校门

通道

过道

电梯

自然环境：花、草、灌木、乔木等。

灌木

乔木

练一练

根据老师的要求找到相应的环境。

第四单元

基础训练

第9课　听觉训练

我们的听觉器官叫什么？

我们可以听到很多声音，比如风声、雨声、汽笛声、机械加工声、钟声、读书声、讲话声、乐曲声、球的撞击声等。

我们可以通过许多方法来训练听觉，比如听觉注意、选择、记忆、回声定位法等。

练一练

听一听，老师播放的声音是什么？

第 10 课　触觉训练

我们的触觉器官有哪些？

触觉感受器呈点状分布于全身，最敏感的部位是嘴唇、舌尖、指尖、手掌和脚掌。

我们可以通过触觉感知哪些东西？触觉对我们有什么意义？

• 触觉可以感知物体的形状、大小、软硬、质地、温度、粗糙与光滑、干与湿等。

• 利用触觉以手代目进行阅读；在日常生活中，凭触觉寻找所需的物品；在一定的环境中，还可利用触觉定向；在工作中，利用触觉进行各种劳动。

• 利用触觉制作手工作品，比如折纸、织毛衣、做泥塑等。

练一练

摸一摸老师给你的东西，猜猜它是什么。

第 11 课　嗅觉训练

我们的嗅觉器官叫什么？

我们可以通过嗅觉感知哪些气味？

· 调味品（酱油、醋、酒、香油等）气味、肉腥味、鱼腥味、各类水果气味、鲜花气味、电器烧焦气味、食物烧焦气味、汽油味等。

· 菜市场里出售水产品、牛羊肉处的气味；商场里化妆品、糖果、烟酒、糕点和服装等柜台的不同气味；厨房、面包房、卤菜店的气味；垃圾堆、污水沟、厕所的气味等。

练一练

闻一闻老师给出的物品的味道。

第 12 课 视觉训练

我们的视觉器官是什么？

我们如何借助剩余视力帮助自己行走？

• 在家里，可以看到门、窗、家具、电器等设施。

• 可以看到一些物体的形状及颜色，如树木、电线杆、标志性的建筑物；出租车、公共汽车、地铁；公交车站站牌、路牌、门牌等。

• 可以发现障碍物，如邮筒、电话亭、汽车、自行车等。

• 过马路时，可以看到路沿、人行横道线、行人、红绿灯、车辆、交警等。

练一练

在人行道上走一走，看看路旁有哪些店铺？

第 13 课　身体姿势及步态训练

走路时的不良身体姿势有低头、偏头、双手前伸呈摸索状、上体后仰等。

正确的身体姿势：

· 保持身体的稳定性——站立时头顶、颈椎、腰椎、髋关节、膝关节和脚掌应在一条直线上。

· 保持姿势正确——挺胸，收腹，双眼平视，下颌内收，全身肌肉放松。

正确步态：

· 适宜的步幅、步频以及正确的脚部姿势与重心控制。

· 手脚动作协调，右脚向前迈步时，左手自然向前摆动；左脚向前迈步时，右手自然向前摆动。注意动作不要僵硬，手的摆动幅度不要过大。

练一练

说一说正确的身体姿势是怎么样的。

第五单元

导盲随行

我是一个盲孩子，我叫小宇。

我有一个好伙伴，他是低视力，叫小阳。

他经常帮助我，带着我一起走，因为他是我的眼睛。

第 14 课　基本动作

　　小阳站在我身边，用手背碰我的手背，问我："需要我带你走吗？"我点头微笑，并说："谢谢！"

　　我用一只手握住他的肘关节上方，虎口朝前朝上，自己的手臂肘关节呈 90° 弯曲，轻贴自己的腰部。

接着，我站到他的侧后方，这样就可以跟着他行走了。

第 15 课　一人导多盲

多人行走时，从最后一个人开始，后面的人抓握前面一个人的异侧手臂，前面的人用被抓握的手抓握再前面一个人的异侧手臂。

所有人按要求抓握、站位后，导盲者接触最前面一个人的被抓握臂，抓握后进行导盲与随行。

第 16 课　换边随行

我先用双手抓住小阳的左手臂，然后松开我的右手。

我将右手背在小阳的背部向右侧滑行，找到小阳的右臂后抓握。

我松开左手，快速找到小阳的右手臂并正确地抓握，脚步同时移动；松开右手，调整到随行姿势。

第 17 课　改变方向

我在小阳的左侧，他提醒我要向后转，我和小阳同时转体 90°，面对面站立。

接着，小阳用右手轻触我空着的左手；我握住小阳的右手臂，同时松开他的左手臂。最后，我和小阳再继续转 90°，调整站位，回到导盲姿势。

第18课　过狭窄通道

在通过狭窄的通道或比较拥挤的环境时，小阳把被抓的手臂放到了身后，我马上将抓握手沿他的手臂下移到手腕，身体移动到小阳的背后，手臂伸直，步幅减小。

第 19 课　随行进出门

小阳告诉我到门口了，我站在门轴这边；小阳用被抓的手去开门，他握住门把手，推（拉）开门；我用空着的手沿他的手臂摸到门把手；我跟着他走，最后轻轻把门关上。

第 20 课　随行上下楼梯

上楼时，小阳提示我，他在楼梯口稍作停顿；我用脚尖轻踢第一个台阶垂直面；他先上台阶，我随后上台阶；走完楼梯，小阳稍作停顿，我知道楼梯走完了。

　　下楼时，小阳提示我，他在楼梯口稍作停顿；我用前脚掌触碰第一个台阶口；他先下，我随后；走完楼梯，小阳稍作停顿，我知道楼梯走完了。

第 21 课　引导入座

小阳把我的两手分别放到椅背和桌子边沿。

我用手背在椅面上"清扫"一下（配合上身保护）。

确认椅子上没有东西后坐下；双手在桌子边沿触摸，调整椅子朝向以及与桌子之间的距离。

第 22 课　接受或拒绝帮助

我们如果想接受别人的帮助，就礼貌地接受，并表示真诚的感谢；然后告诉他们正确的方式，比如可以请他们描述周围环境。我们如果不需要帮助，首先致以谢意，然后礼貌地拒绝，语气要委婉，动作要轻。

练一练

　　练习使用正确的导盲随行技巧保障我们出行安全，也希望有更多人接受我们，帮助我们。

第六单元

独行技巧

小兰

她叫小兰，虽然是全盲，但是很厉害，可以在熟悉的地方自由来去。她是怎么做到的呢？我们一起向她学习吧！

第 23 课　上、下部保护法

上部保护法：小兰将左手臂或右手臂抬起来，肘关节弯曲 90°，上臂略高于肩，使前臂横于面前，掌心向外，指尖超过对侧肩，以保护头部。

下部保护法：小兰将左手或右手自然向下伸直，放在身体中心线前约 20 厘米处，掌心向内。

上、下保护法可以组合使用。

第 24 课 沿物（墙）行走技巧

小兰把一侧的手臂自然向前下伸约 45°，用小指和无名指的指背或指甲轻轻点触墙面或桌沿等，对于特别粗糙的表面，要用指尖轻触。

她说可以沿着墙壁、栏杆、树丛等行走，身体与物体要保持一定距离。

第 25 课 独行上下楼梯

上楼时,小兰靠着右边墙壁,先用脚尖轻碰第一个台阶的竖直面,然后用沿物慢行技巧上楼。到扶手变平,或踩到警示块(圆点盲道),则表明楼梯结束。

　　下楼时，小兰有时会踩到警示块，走到楼梯口，要靠近扶手一侧站立，并抓住扶手，用前脚掌试探楼梯口，然后用沿物慢行技巧下楼。当扶手变平或踩到警示块（圆点盲道），则表明楼梯结束。

第 26 课 垂直定位法

小兰以相对固定的物体为基准（如墙、门、桌子），背部及脚跟紧靠着该物体，根据所依物体的方向确定自己行走的方向。（可结合内时钟定向方法。）

第 27 课　穿越空间

当我们穿过一个空间的时候，假如我们知道这个空间，就会利用上部保护法或下部保护法通过。假如空间较大，我们没有把握准确穿越时，可以先转过一个墙角，然后进行垂直定位，利用直线行走技能通过，缩短与目标的距离，以保证方向正确。

第 28 课　寻找失落物

小兰听到自己的东西掉落了，首先听音定位，她根据物体落地时的声音判断失落物体的方向和大致距离，将身体转向该方向；然后结合上部和下部保护法走上前去采用正确的下蹲方法寻找物体。

　　她下蹲时采用上部保护法，寻物时采用盘旋法或栅栏法：双手手指分开，用指尖轻触地面，在身体前面充分搜索。没找到时可结合上部保护法，移动脚步重新寻找。

练一练

　　不带盲杖，也没有人带我们走的情况下，在熟悉的地方认真练一练这些独行技巧。

第七单元

定向技能

确定了正确的方向，才能到达想去的地方。

定向是将根据各种感觉器官得到的信息加以判断，清楚自己在哪里，要去的地方在哪里。

第 29 课　方向、方位辨别

方向辨别是指我们以自己为基点确定方向。首先要学会在不同场所判断东、南、西、北、中等，如在家、学校等；然后再练习在不同场所判断东南、西北、西南、东北等。

方位辨别是指我们以自己为基点，辨别左上、左下、左前、左后、右上、右下、右前、右后等。

第 30 课　阳光定向

　　我们知道太阳东升西落，因此利用阳光也可以定向。我们可以根据不同时间太阳在不同位置的原理来判断方向。

第 31 课　内时钟定向法

内时钟定向法是我们对大环境定向的常用方法之一。它将自己看作处于时钟的轴心处，把自己周围的事物按照钟面上各点的位置确定方向。

我们首先必须了解钟面上各点的位置，可以学习最简易的 12 点、3 点、6 点、9 点四个方位，然后再学习诸如 1 点、2 点等方位。

记住，我们面向的方向永远是 12 点。内时钟定向法不受东西南北固定方向的限制，随时随地都可使用。

内时钟定向法

小区花园

广场

第 32 课　外时钟定向法

外时钟定向法也是我们常用的定位方法之一，它是指将自己定位在 6 点钟位置上，把自己面前的事物按照时钟钟点的位置确定方位。

常用外时钟定向法的地方：圆桌，以自己为 6 点，确定谁坐在几点钟的位置；夹到盘子里的菜，以盘子为钟面、以自己最近处为 6 点钟的位置，记住什么方位是什么菜。

外时钟定向法

圆桌

第 33 课　六点盲文定向法

　　六点盲文定向法是我们对房间、电影院、公交车等长方形场所进行定向的方法。它是将自己周围或自己面前的事物按照六点盲文的位置确定方位：一般左上为 1 号点位，右上为 4 号点位，左中为 2 号点位，右中为 5 号点位，左下为 3 号点位，右下为 6 号点位。

1 号点位 ●　　　● 4 号点位

2 号点位 ●　　　● 5 号点位

3 号点位 ●　　　● 6 号点位

电影院　　　　　　　公交车厢

第34课　线索定向法

　　我们可以利用环境中存在的位置相对固定的声音、气味、风向及光线等信息进行定向。如食堂通常会散发出食物的气味，我们闻到这种气味后就可以大致知道自己的位置。

路边商店

大型商场

大卖场水果区

第 35 课 路标定向法

路标是道路上指示方向和路线途径的标志。能够作为我们定向和行走的路标，必须是沿途路面或路边易于感触且有特性的固定标记。路标的用途主要是确定并保持方向、作参考点、确定物体的位置和获得其他信息。

我们必须首先记住路标，学会善于发现路标。比如，平路与坡路，直路与弯路，不同质地的路（水泥路、石子路、土路等）。

有剩余视力的同学可以根据自己的视力程度，以沿途的环境、建筑物或其他设施（门窗、消防栓、标牌、路灯等）作为自己行走的路标。

各种路标

第 36 课　建筑物定向法

　　建筑物的形态通常包括各种道路的形状、房子的形状、花园的形状等。这些建筑物的形状总有一些相似性或共性的特点，我们可以利用这些共性特点为定向服务。我们可以记住入口、楼梯和楼内房间号编码系统的位置来定向。

大楼门口

第 37 课　应用地图

触觉地图是把道路交通情况按照一定的比例缩小后，以特定符号和触觉线索为图示，专供我们触摸的区域地形图。

借助触觉地图和实地行走，我们可以建立心理地图，这是大脑里对一定路线、环境所形成的图形。

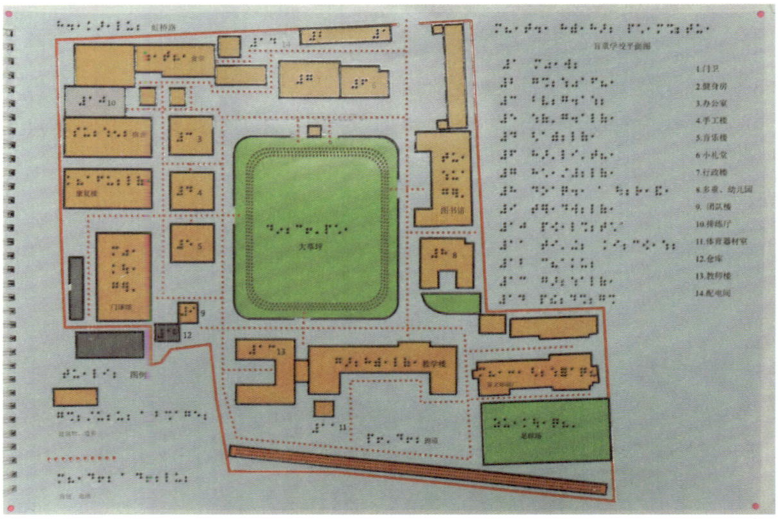

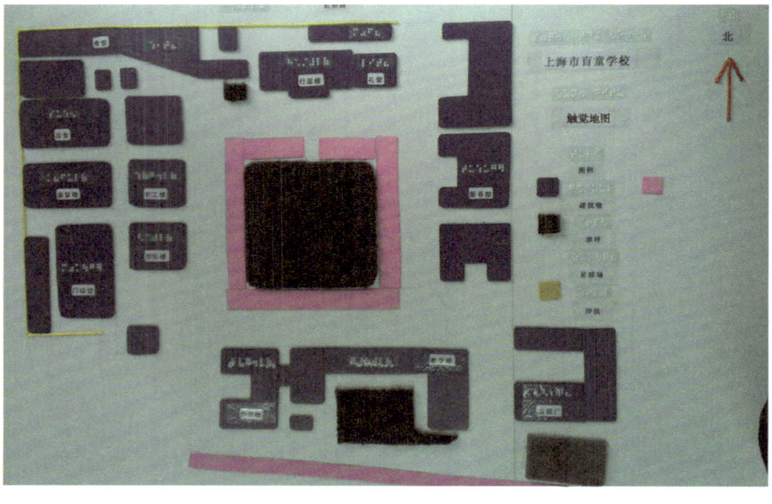

上海市盲童学校

视障儿童康复教育教学资源

运动康复

徐洪妹　主编
邵盛琳　编著

上海教育出版社
SHANGHAI EDUCATIONAL
PUBLISHING HOUSE

图书在版编目（CIP）数据

视障儿童康复教育教学资源.运动康复/邵盛琳编
著.—上海：上海教育出版社，2022.12
ISBN 978-7-5720-1810-7

Ⅰ.①视… Ⅱ.①邵… Ⅲ.①视觉障碍 – 儿童教育
– 特殊教育 – 教学参考资料 Ⅳ.①G761

中国版本图书馆CIP数据核字(2022)第242437号

责任编辑　李　祥　徐青莲　沈明玥
封面设计　蒋　好

视障儿童康复教育教学资源　运动康复
徐洪妹　主编
邵盛琳　编著

出版发行　上海教育出版社有限公司
官　　网　www.seph.com.cn
地　　址　上海市闵行区号景路159弄C座
邮　　编　201101
印　　刷　苏州工业园区美柯乐制版印务有限责任公司
开　　本　890×1240　1/16　印张 49.5（全11册）
字　　数　435 千字（全11册）
版　　次　2023年7月第1版
印　　次　2023年7月第1次印刷
书　　号　ISBN 978-7-5720-1810-7/G·1652
定　　价　350.00 元（全11册）

如发现质量问题，读者可向本社调换　电话：021-64373213

前　言

　　上海市盲童学校始创于 1912 年，是上海市唯一一所为视障儿童提供教育和服务的特殊教育公立学校。目前，我校形成了涵盖学前、小学、初中、高中及中职各学段，包含盲、低视力、多重障碍三大类型的高等教育以下完整视障教育体系。百余年间，我校勇于探索，在学科教学、德育、艺术和体育教育等方面取得了卓越成就，探索出了一套完整的课程体系。

　　近年来，视障儿童的障碍类型呈现多样化、复杂化的趋势，且障碍程度愈加严重，视障兼有其他障碍的儿童数量越来越多。而传统的教育教学体系难以使视障儿童的发展达到最佳程度，无法满足视障儿童全面融入社会的要求。因此，在新时期党和国家要求建设高质量特殊教育体系的背景下，我校自 2010 年起开始了新的探索和实践，整合教育、心理、医学、康复等专业资源，构建教育与康复相结合的视障教育体系。同时，"视障儿童教育、康复与保健相结合的实践研究"被立项为上海市市级重点课题。在课题引领下，我们拓展了康复的内涵，将保健融合其中，形成了视障儿童个性化教育与康复的实践模式。这一模式最大程度地满足了视障儿童个性化、差异性的教育与康复需求，促进了视障儿童的最优发展，提高了视障儿童的生命质量。

　　我校的"视障儿童个性化教育康复实践模式的研究"项目荣获 2017 年上海市教学成果奖特等奖和 2018 年基础教育国家级教学成果奖二等奖。《视障儿童个性化教育与康复的实践研究》《视障儿童康复教育教学资源》就是该项目的成果荟萃。这两套书是上海市盲童学校

历时十余年教育实践成果的高度凝练，体现的是我校对视障儿童发展的高度关心，对视障教育内涵的深度拓展，对自身教育使命的深刻认知。《视障儿童个性化教育与康复的实践研究》一书从研究与创新、案例与实践两个维度展开，全面展示了视障儿童个性化教育与康复的实践经验；《视障儿童康复教育教学资源》则是十一个领域教学内容和教学资源的精彩展示。

《视障儿童康复教育教学资源》共十一册，分别为：视觉功能训练、定向行走训练、运动康复、感觉统合、认知发展、言语与语言训练、作业治疗、心理康复、社会适应、职业康复和保健。该套教学资源从视障儿童身心特点出发进行编写，各分册既相互独立，又相互关联。每册教学资源根据"单元—课文—训练"的体例进行编写，主题鲜明，要点突出，内容丰富，具有很强的教学指导性。同时，该套教学资源图文并茂，条理清晰，适合视障儿童使用。

这两套书的出版，聚十余年之力，集众人之心血。一路走来，风雨兼程，薪火相传，展现了我校所有师生为之努力奋斗的精神力量，这种精神源于我们为视障儿童"点亮心灯"的不懈努力。"路漫漫其修远兮"，我们将不忘从事特殊教育的初心，秉承老一辈视障教育工作者的优良传统，以为视障儿童提供优质教育为己任，继往开来，不断前行。

编者

2023 年 4 月

目　录

第一单元

头部控制

第1课 头部直立训练

学一学

动作1：俯卧位抱球姿势——头部前屈训练

动作要领：学生匍匐在大龙球（Bobath 球）上；教师扶住学生的腰部或小腿部，帮助学生缓慢做俯冲运动，促进学生抬头。

动作 2：仰卧位拉起头部抗重力训练

动作要领：教师双手握住学生肩部，使学生肩部保持稳定，引导学生慢慢抬头。

练一练

1. 仰卧位抱球姿势练习

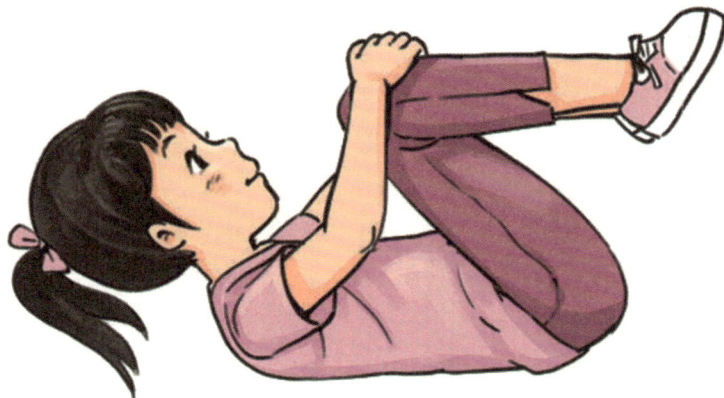

动作要领：学生保持肩部稳定，双手抱住膝盖，慢慢抬头。

2. 坐位抱球低头姿势练习

动作要领：学生双手抱住膝盖，低头，使头贴紧膝盖。

评一评

评价内容	学生自评	教师评价
在完成动作过程中，能有控制地完成屈伸（低头或者抬头）动作		

第 2 课　脊柱伸展训练

学一学

动作 1: 大龙球俯冲训练

动作要领：学生趴在大龙球上；对于低年级学生，教师可以站在学生背后，双手扶住学生腰部，由慢到快前后推动学生，引导学生做出保护性伸展动作，并让学生自主控制头部，保持头部的前后伸展与屈曲；高年级学生可趴在球上，双手支撑地面，四肢协调配合，控制好头部的运动。

动作2：肘支撑变式动作一（趴于斜板上）

动作要领：学生俯卧于斜板上，将头抬起，在完成动作过程中控制头部回旋程度，避免出现脊柱不对称姿势。

动作3：肘支撑变式动作二（趴于陪训练者腿上）

动作要领：学生俯卧于陪训练者的大腿上，以降低支撑高度和减少受力面积，在完成动作过程中控制头部回旋程度，避免出现脊柱不对称姿势。

练一练

1. 肘支撑变式练习

动作要领：学生趴在长条形海绵垫上（垫子给予学生腋下支撑），将头抬起，在完成动作过程中控制头部回旋程度，且要求双肘支撑抬起，避免出现脊柱不对称姿势。

2. 肘支撑练习

动作要领：学生取俯卧位，将头抬起，在完成动作过程中控制头部回旋程度，避免出现脊柱不对称姿势。

🏅 评一评

评价内容	学生自评	教师评价
在完成动作过程中，有脊柱的屈伸		

第 3 课　腰背肌群肌肉力量训练

学一学

动作 1：刺激腰骶部训练

动作要领：学生取长坐位，双手平举，躯干回旋运动，在完成动作过程中下半身尽可能保持不动。

动作 2：手支撑训练

动作要领：学生取俯卧位，用双手将上半身撑起，使双肘离开地面，并保持平衡，同时教师引导学生头部回旋。

动作 3：肘支撑变式动作——加压肘支撑

动作要领：学生保持肘支撑姿势，教师在其肩部逐渐施加压力，锻炼学生上肢力量。

练一练

在滑板上滑行

动作要领：学生腹部贴在滑板上，腰背肌肉、四肢肌肉协调用力，向前滑行。

评一评

评价内容	学生自评	教师评价
在完成动作过程中，腰背肌和上肢能协调配合		

第4课　卧位平衡训练

学一学

动作1：仰卧位平衡反应训练

　　动作要领：学生平躺在平衡板上，双腿屈曲；教师扶住平衡板并左右摇晃，动作要缓慢，引导出学生的保护性反应。

动作 2：俯卧位平衡反应训练

动作要领：学生以肘支撑动作俯卧在平衡板上；教师扶住平衡板左右两侧并进行摇晃，动作要缓慢，引导出学生的保护性反应。

动作 3：大龙球前后平衡训练

动作要领：学生腹部紧贴大龙球；教师手扶学生腰部或腋下，带动学生前后移动，动作要缓慢，引导出学生的保护性反应。

动作 4：大龙球左右平衡训练

动作要领：学生腹部紧贴大龙球；教师手扶学生腰部或腋下，带动学生左右移动，动作要缓慢，引导出学生的保护性反应。

练一练

被单游戏

　　动作要领：学生平躺在被单内；两名教师各自拉住被单的两角，缓慢地前后、左右移动，待学生适应后，可根据学生状况加快或减慢移动速度。

评一评

评价内容	学生自评	教师评价
在完成动作过程中，能有控制地保持平衡		

第二单元

翻身

第5课　翻身与膝关节屈曲训练

动作1：仰卧位肩部控制翻身训练

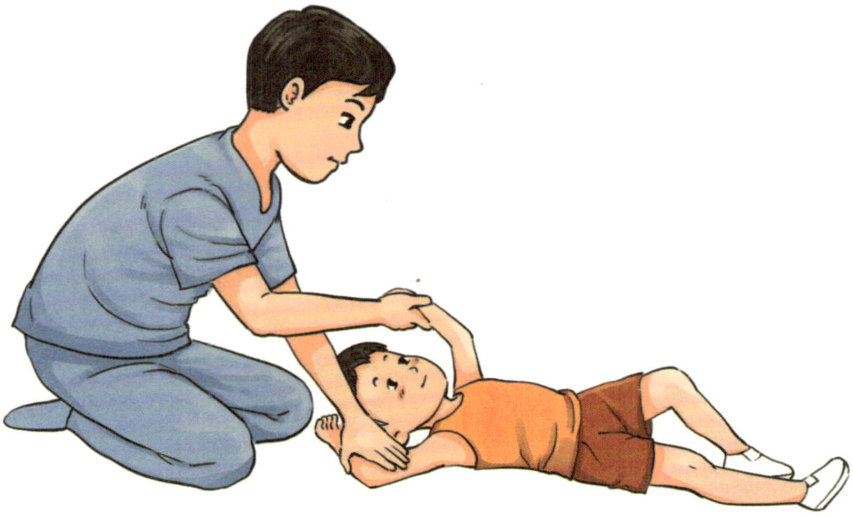

①

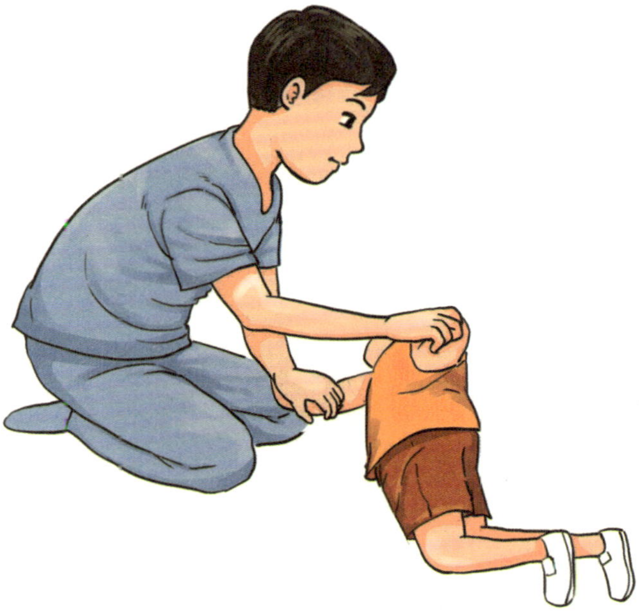

②

③

动作要领：学生取仰卧位；教师双手左右交叉，分别握住学生上臂，将其举过学生头顶，带动学生身体向一侧转身，在完成动作过程中要避免学生头部过度伸展。

动作 2：仰卧位髋部控制翻身训练

①

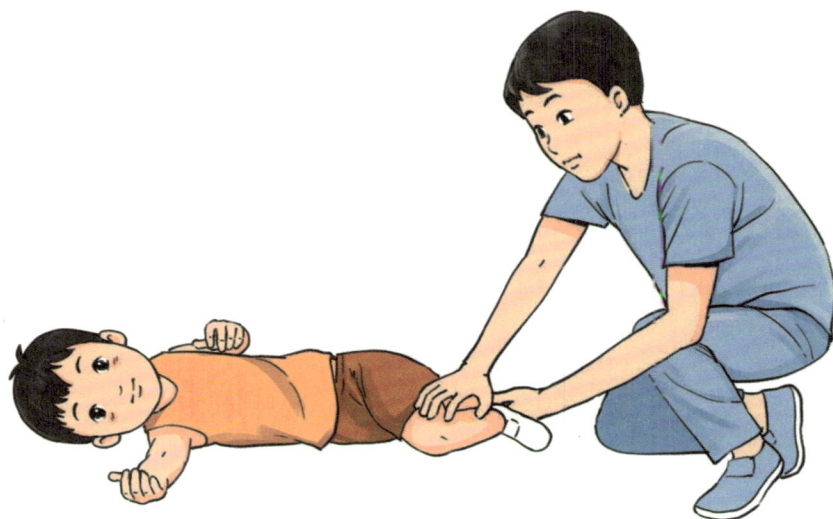

②

③

　　动作要领：学生取仰卧位；教师握住学生两腿，辅助学生向右翻时左腿向右侧扭动，并同时引导学生头部向右侧旋转，带动身体随头、腿的运动翻过来，引导学生主动地进行躯干回旋。

动作 3：长坐位训练

动作要领：学生取长坐位，背靠墙，下肢放松，髋关节充分屈曲，同时脚背做屈伸运动。

动作 4：膝关节、髋关节被动屈曲运动

　　动作要领：学生取仰卧位；教师双手分别放在学生膝关节和脚掌处，在学生膝关节伸直后往前推，屈曲髋关节。

练一练

　　1. 长坐位练习

　　动作要求：学生取长坐位，头、腰、背保持直立姿势，上肢放松，脚背做屈伸运动。

2. 屈髋屈膝练习

动作要领：学生取仰卧位，下肢屈曲并左右交替向前运动，动作过程中下肢应尽可能贴近胸口。

评一评

评价内容	学生自评	教师评价
在完成动作过程中，能通过体轴回旋模式完成重心的转移，有上下肢的协调配合		
在翻身过程中，脊柱能做到像麻花一样，然后完成翻身动作		

第6课　躯干回旋运动训练

学一学

动作1：主动翻身训练

动作要领：教师利用响铃玩具提示学生翻身的方向，要求学生完成翻身动作，可加大难度要求学生完成连续翻身，训练中要注意避免学生出现躯干过度回旋。

动作 2：在斜板上翻身训练

①

②

动作要领：学生躺在楔形垫上，利用斜面辅助翻身。

练一练

手握物品翻身练习

动作要领：教师利用响铃玩具提示学生翻身的方向，要求学生手捧玩具（圆球或是玩偶）完成翻身动作，可加大难度要求学生完成连续翻身，训练中要注意避免学生出现躯干过度回旋。

评一评

评价内容	学生自评	教师评价
能独立完成翻身动作，既能向健侧翻身，又能向患侧翻身		

第三单元

坐

第7课　促通坐位体轴回旋训练

学一学

动作1：在外力帮助下进行坐位体轴回旋训练

动作要领：学生取长坐位，头部与躯干保持在一条直线上，根据教师发出的声音完成体旋转，注意速度不宜过快。

动作 2：在大龙球上完成体轴回旋训练

　　动作要领：学生坐在大龙球上，自主完成身体向对侧回旋的动作，训练中需要控制好重心的偏移。

练一练

长坐位体轴回旋练习

动作要领：教师将两个气球（或学生喜欢的其他物品）悬挂于学生身体后方；学生取长坐位，双手平举，身体左右回旋，使手触碰悬挂的气球。

评一评

评价内容	学生自评	教师评价
在完成体轴回旋过程中，脊柱能有节律地屈伸、展收和旋转		

第 8 课　坐位平衡训练

🎯 学一学

动作 1：坐位后方平衡反应促通训练

动作要领：学生取长坐位；教师协助学生将双手向后伸直，引导学生产生平衡反射。

动作 2：坐位侧方平衡反应促通训练

动作要领：学生取长坐位，背靠墙，重心缓慢移至身体一侧，保持 5 秒后换另一侧。

动作 3：坐位左右动态平衡训练

动作要领：学生取坐位于平衡板，双手抱膝；教师站在学生后侧，脚踩平衡板，使学生左右倾斜，引导学生控制好重心。

动作 4：坐位前后动态平衡训练

动作要领：学生坐在平衡板中央，双手抱膝；教师站在学生一侧，脚踩平衡板，使学生前后移动，引导学生控制好重心。

练一练

1. 坐于大龙球上的动态平衡反应练习

动作要领：学生坐在大龙球上，上下跳跃，须注意保持平衡；若学生不能独立完成，教师可在球的前方放置一把椅子供学生手扶，或站在学生身后给予辅助。

2. 花生球上坐位与站立姿势的转换练习

动作要领：学生先坐在花生球上，然后由坐位变为站立位；若学生不能独立完成，教师可在球的前方放置一把椅子供学生手扶，或站在学生身后给予辅助。

🏅 评一评

评价内容	学生自评	教师评价
能独立保持静态坐位姿势平衡		
能独立保持动态坐位姿势平衡		

第9课　躯干肌群的连锁反应训练

🎯 学一学

动作1：大龙球前方保护性伸展训练

动作要领：学生坐在大龙球上，身体向前伸展；教师双手放在学生腰部给予保护，避免学生躯干过度向前屈曲伸展。

动作 2: 大龙球后方保护性伸展训练

动作要领: 学生坐在大龙球上, 身体向后伸展; 教师双手放在学生膝盖处给予保护, 避免学生躯干过度向后屈曲伸展。

动作 3: 仰卧位至长坐位姿势的转换训练

① ②

③

④

⑤

　　动作要领：学生取仰卧位；教师拉学生的一只手，使学生身体重心向侧前方移动，然后慢慢将学生拉起；可左右交替训练。

练一练

长坐位至跪位姿势的转换练习

①

②

③

④

动作要领：学生从长坐位变成侧坐位，最后变成跪位。

评一评

评价内容	学生自评	教师评价
能调动身体的机能完成姿势的转换		
坐在大龙球上时，在前伸和后仰过程中能避免异常动作的产生		

第四单元

爬行

第 10 课　四点跪位训练

🎯 学一学

动作 1：利用滚筒的四点跪位训练

动作要领：学生取四点跪位，双上肢在滚筒前方支持，双下肢在滚筒后方支持，尽可能让腹部离开滚筒，同时控制好髋关节、肩关节、肘关节；教师单膝跪在学生的侧后方，双手在学生髋关节处给予辅助，保护其安全。

动作 2：四点跪位变式训练一

动作要领：教师手扶学生的大腿和腕关节，给予支撑，注意不要使学生的髋关节外翻；学生的肘关节外旋伸直，重心位于身体中心，支撑点受力均匀。

动作 3：四点跪位变式训练二

动作要领：教师一只手扶在髋关节，另一只手扶在肩关节，给予支撑，帮助学生保持平衡，注意不要使学生的髋关节外翻；学生的肘关节外旋伸直，使重心位于身体中心，支撑点受力均匀。

动作4：四点跪位重心前后移动训练

①

②

动作要领：学生取四点跪位，先由教师扶住学生腰部帮助其控制重心，学生双手前后移动，然后逐步过渡到由学生自主控制。

练一练

1. 静态四点跪位练习

动作要领：学生取四点跪位，双肘伸直，髋关节与膝关节成 90° 角。

2. 动态四点跪位练习

①

②

动作要领：学生在四点跪位的基础上，先将左上肢和右下肢抬起，再换成右上肢和左下肢抬起，抬起时要保持身体平衡。

评一评

评价内容	学生自评	教师评价
能保持静态的四点跪位		

第 11 课　交互爬行

学一学

动作 1：以四点跪位为开始姿势的爬行训练

动作要领：爬行时，学生要注意手眼协调和手脚配合；若力量不够，可以选择在滚筒上进行练习。

动作 2："助爬器"辅助爬行训练

动作要领：调整好吊带的高度，使学生的上下肢能够在竖直方向上受力负重。

动作 3：围巾悬吊辅助四点跪位训练

动作要领：学生取四点跪位，教师用床单悬吊，减轻其负重。

动作 4：爬楼梯训练

动作要领：学生屈髋屈膝，腿部和手部交替移动，手脚协调地完成爬行。

练一练

阳光隧道爬行练习

动作要领：学生以四点跪位的姿势钻过阳光隧道。

🏅 评一评

评价内容	学生自评	教师评价
在爬行过程中，能出现四肢交替运动，运动时四肢协调		

第 12 课　上肢训练

学一学

动作 1：模拟小推车训练

动作要领：学生双手撑地，教师抬起学生腿部，学生双手交替向前爬行。

动作 2：对角线拉弹力带训练

动作要领：学生选择强度适合的弹力带，分别从斜上、斜下沿对角线方向拉动弹力带。

练一练

拔河游戏

评一评

评价内容	学生自评	教师评价
上肢有力量且协调、流畅地完成动作		

第五单元

跪位

第 13 课 髋关节伸展训练

动作 1：桥式训练

动作要领：学生取仰卧位，双腿屈曲，腰、背、臀部同步用力，使背、臀部离开地面，并在最高点保持 3 ~ 5 秒，用力时注意防止大腿内收肌群过度收缩；可在腹部放置沙袋，增大运动难度。

动作 2：燕式姿势训练

动作要领：学生使双上肢往后伸或置于脑后，躯干和下肢同时用力后伸，使身体成反弓状，重复 6～20 次。

练一练

1. 股后肌群力量练习

动作要领：学生平卧在桌子或垫子上，一侧脚向后勾；教师用弹力绳给学生施加阻力。

2. 弓式姿势练习

动作要领：学生平卧，手和脚以及背部肌群同时用力向后弯曲，手抓住脚，保持10秒。

🏅 评一评

评价内容	学生自评	教师评价
能抵抗阻力完成动作		
能有控制地完成动作		

第 14 课 髋关节控制能力与负重训练

学一学

动作 1：三点跪位训练

动作要领：学生取跪位，一侧腿向前迈一步，变成单膝跪位，重心落于向前屈曲并与地面成 90° 角的腿上，双手可以扶住前迈的腿的膝盖，为站起来做准备；教师可在学生肩部施加一个向下的力；左右脚交替进行训练。

动作 2：膝立位保护性伸展训练

动作要领：教师引导学生在失去平衡时做出自发的保护性伸展动作，避免学生头部和躯干过度伸展。

动作 3：膝立位训练

动作要领：学生双膝着地，髋关节伸直，上半身保持直立。

动作 4：膝立位平衡训练

动作要领：学生取高跪位，双手扶住椅背，左右脚交替向前迈步。

练一练

膝立位手扶椅子练习

动作要求：学生取高跪位，并保持身体平衡；若不能独立完成该动作，可以扶一把椅子。

评一评

评价内容	学生自评	教师评价
能有节律地完成髋关节的屈髋、伸髋动作		
下肢肌肉力量能抵抗阻力		

第 15 课　膝立位行走训练

动作 1：两脚交替单膝跪地训练

动作要领：学生先取高跪位，然后伸出患侧成单膝跪地，注意髋关节与膝关节成 90° 角；可两脚交替训练。

动作 2：单膝跪位至站立位的姿势转换训练

①

②

③

动作要领：学生身体前倾，重心向前方移动，使上身重心前移至脚掌前侧；同时，躯干、骨盆向前上方用力，将后伸的腿向前迈。

动作 3：膝跪位行走

动作要领：教师在学生前方拍手引导方向，学生跪着前进。

练一练

负重单膝跪地左右轮换练习

动作要领：学生取单膝跪位，可在脚踝（或腰部、小腿）处绑上沙袋，增加阻力，左、右脚交替向前迈步；若不能独立完成动作，可以扶住椅子或墙壁进行练习。

评一评

评价内容	学生自评	教师评价
在完成膝跪位行走过程中，身体能协调运动		

第六单元

站立

第 16 课　下肢肌肉力量训练

◎ 学一学

动作 1：牵拉跟腱训练

动作要领：学生取长坐位，教师一手固定学生踝关节，并将足跟置于掌心，另一手用前臂的力量将学生的前脚掌向前推，帮助学生完成脚背的屈曲动作。如果学生是足内翻，教师要调整踝关节使脚轻度外翻；如果学生是足外翻，则反之。

动作 2：踝泵运动

动作要领：学生在完成踝关节的主动屈伸动作后，可以增加弹力带训练，在训练过程中需控制负重的重量。

动作 3：加压直腿抬高训练

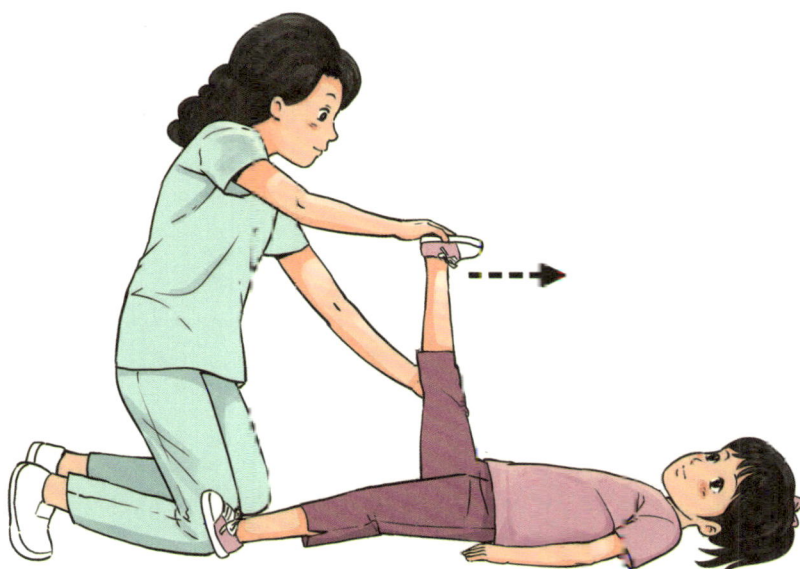

动作要领：学生取仰卧位，抬起一侧腿；教师一手扶住

学生膝关节使学生腿伸直，另一手在学生髋关节屈曲达最大活动度时，推压学生的脚掌。

练一练

负重直腿抬高练习

动作要领：学生取仰卧位，在脚踝处绑上沙袋，左右脚交替完成直腿抬高动作。

评一评

评价内容	学生自评	教师评价
能自主完成踝关节的屈伸动作		
下肢能负重完成直腿抬高动作		

第 17 课　抑制下肢异常姿势训练

学一学

动作 1：下肢外展训练

动作要领：学生取站立位，扶住墙壁（或椅子、肋木），使躯干成一条直线，将患侧下肢外摆 40～60 次。

动作 2：坐位下肢外展训练

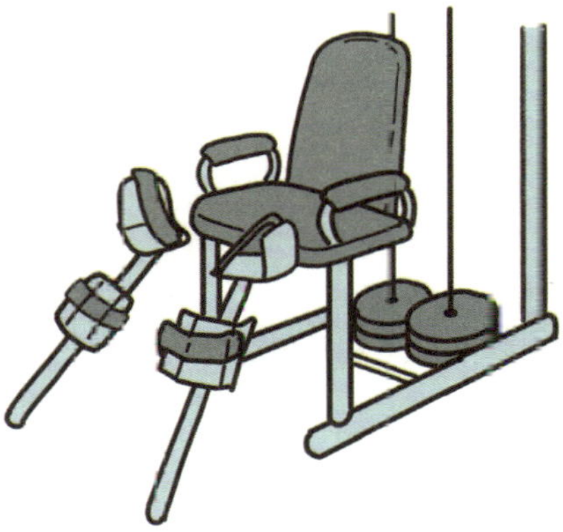

71

动作要领：学生进行坐位外展训练，并逐步增加负重，或坐在椅子上，绑上沙袋进行训练。

练一练

弹力带环站立位外展练习

动作要领：学生将弹力带环放置在脚踝处，右手扶住椅子，左脚缓缓抬起，并保持上身直立，左右轮流交换练习。

评一评

评价内容	学生自评	教师评价
有节律地完成下肢运动		

第 18 课　站立平衡训练

学一学

动作 1：背靠墙站立训练

　　动作要领：上肢和躯干保持直立，两下肢可逐渐靠拢，缩小支持面面积。

动作 2：纵向平衡站立训练

动作要领：学生取站立位，双手叉腰，右侧腿向前迈一步，并使力量落于支撑腿上，左右交替完成训练；在训练过程中教师注意控制学生的髋关节不外翻。

动作 3：单脚站立训练

动作要点：学生单脚站立，保持上半身直立，头部、躯干、支持下肢在一条直线上。可以先从将一侧下肢抬起靠住墙开始，然后逐渐不靠墙；或者一脚从距地面较低处开始抬起，然后逐渐抬高。

动作 4：加压单脚站立训练

动作要领：学生面向墙壁，双手扶住墙面，单脚站立；在提起的脚踝处加负重，可逐渐增加负重，但应在学生承受范围之内。

动作 5：平衡板上的前后左右动态站立训练

动作要领：学生站在平衡板上，有控制地完成前后、左右摇摆的训练。

练一练

1. 扶椅站立练习

动作要领：学生站立时，注意伸直髋膝，且使左、右髋关节在一条水平线上。

2. 有人搀扶站立练习

动作要领：学生扶住教师，尽可能依靠自己的力量保持直立姿势。

3. 站立练习

动作要领：学生面向墙壁站立，保持站立姿势平衡。

🏅 评一评

评价内容	学生自评	教师评价
能独自站立 5 分钟		
能独自单腿站立 10 秒		

第 19 课　坐位至站立位姿势的转换训练

学一学

动作 1：坐位向站立位姿势的转换训练

①　　　　　②　　　　　③

动作要领：学生可以先从高椅子上扶住扶手站起，然后逐渐降低椅子高度，完成独立站起。

动作2：低坐位向站立位姿势的转换训练

① ②

动作要领：学生从低矮的凳子上缓慢且有控制地站起，完成姿势的转换。

动作3：站立位向坐位姿势的转换训练

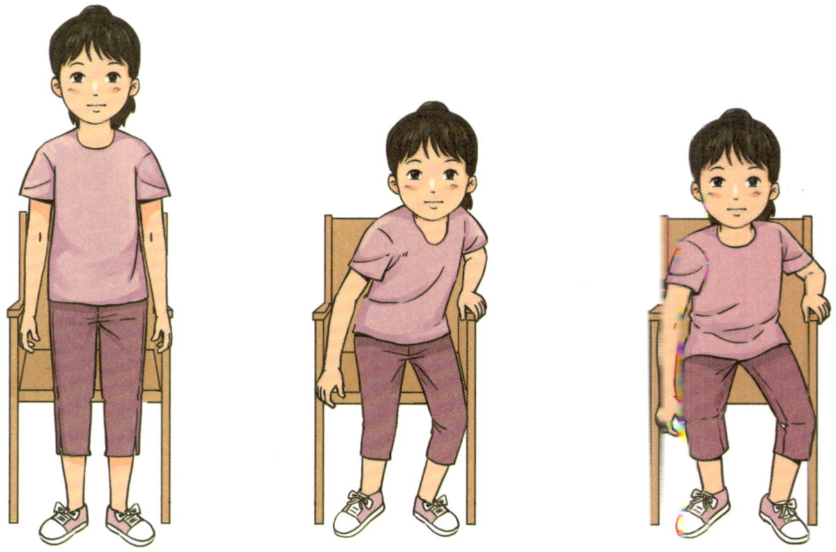

① ② ③

动作要领：学生从站立位有控制地缓慢坐下。

动作 4：站立位向低坐位姿势的转换训练

① ②

动作要领：学生有控制地缓慢坐下，在此过程中学生要注意控制好重心。

练一练

独脚凳的坐位和站立位的转换练习

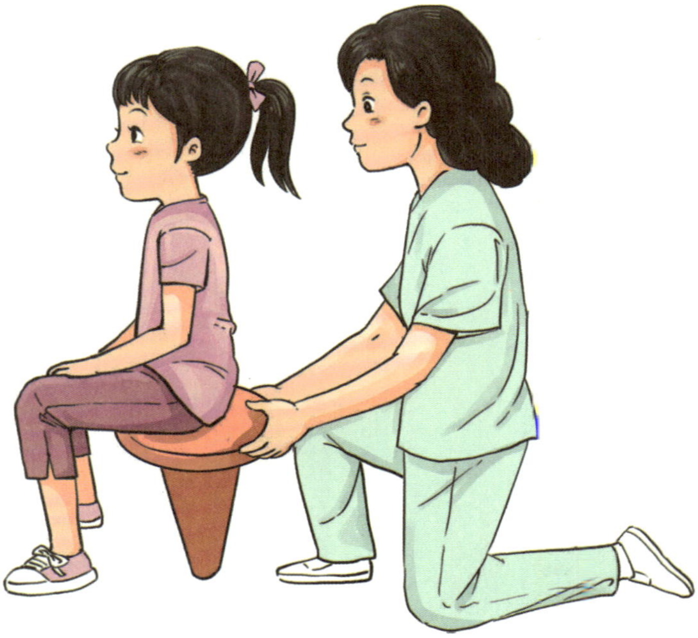

①

②

③

动作要领：学生坐在独脚凳上，缓慢站起，然后缓慢坐下；对于尚不能独立完成动作的学生，教师站在其身后给予保护。

评一评

评价内容	学生自评	教师评价
能流畅地完成坐位与站立位之间姿势的转换		

第 20 课　纠正足内翻、足外翻

学一学

动作 1：纠正足内翻

动作要领：学生脚掌完全贴合斜板站立。

动作 2：纠正足外翻

动作要领：学生脚掌完全贴合斜板站立。

动作 3：立位弯腰拾物

①

②

动作要领：教师用手扶住学生膝关节，使之伸直，牵拉跟腱。

动作4：站在斜板上完成蹲下起立的动作

动作要领：学生在做蹲下起立时，注意脚掌贴合斜板，避免踮脚尖。

![练一练]

1. 踩平衡踩踏车

　　动作要领：学生扶住平衡踩踏车的扶手，双脚交替踩踏板。

2. 蹦蹦床

动作要领：学生独立或拉住教师在蹦蹦床上完成跳跃运动。

🏅 **评一评**

评价内容	学生自评	教师评价
足内翻或足外翻状况在原有基础上得到改善		

第七单元

行走

第 21 课　助行训练

🎯 学一学

动作 1：支撑相与迈步相动作的训练

动作要领：学生上半身保持直立，两脚交替向前迈步，注意保持重心在两腿之间转移；教师站在学生身后，辅助保护。

动作 2：控制骨盆的行走训练

动作要领：教师夹住学生腰部，学生随着身体的重心改变移动，感知迈步的腿的位置，产生交替步行模式。

动作 3：控制肩部的行走训练

动作要领：教师控制好学生肩部，防止学生肩关节内旋，使学生获得正确行走的感觉。

动作 4：纠正足外翻的行走训练

动作要领：学生保持上身直立，足内翻禁用（患有足内翻的学生不能进行该训练）。

动作 5：纠正足内翻的行走训练

动作要领：学生保持上身直立，足外翻禁用（患有足外翻的学生不能进行该训练）。

动作 6：扶双杠行走训练

动作要领：该项训练强调动作的协调性，需要教师提供适当的保护。

练一练

1. 踩椭圆机训练

动作要领：学生在踩椭圆机的过程中，屈髋屈膝，腰背挺直。

2. 助行器行走

动作要领：学生在助行器内尝试缓慢步行。

评一评

评价内容	学生自评	教师评价
能在帮助下动作协调地行走		

第 22 课　行走

学一学

动作 1：游泳池内减重行走

动作要领：学生带上救生圈，在水中纠正异常步态，须注意安全。

动作 2：直线行走

动作要领：用声音引导学生在平坦的地面上走直线。

练一练

推球走

评一评

评价内容	学生自评	教师评价
能独自行走 10 米		

上海市盲童学校

视障儿童康复教育教学资源

感觉统合

徐洪妹　主编

朱　苑　编著

上海教育出版社
SHANGHAI EDUCATIONAL
PUBLISHING HOUSE

图书在版编目（CIP）数据

视障儿童康复教育教学资源. 感觉统合 / 朱苑编著
. —上海：上海教育出版社，2022.12
ISBN 978-7-5720-1810-7

Ⅰ. ①视… Ⅱ. ①朱… Ⅲ. ①视觉障碍 – 儿童教育
– 特殊教育 – 教学参考资料 Ⅳ. ①G761

中国版本图书馆CIP数据核字(2022)第242436号

责任编辑 李　祥　徐青莲　沈明玥
封面设计 蒋　妤

视障儿童康复教育教学资源　感觉统合
徐洪妹　主编
朱　苑　编著

出版发行　上海教育出版社有限公司
官　　网　www.seph.com.cn
地　　址　上海市闵行区号景路159弄C座
邮　　编　201101
印　　刷　苏州工业园区美柯乐制版印务有限责任公司
开　　本　890×1240　1/16　印张 49.5（全11册）
字　　数　435 千字（全11册）
版　　次　2023年7月第1版
印　　次　2023年7月第1次印刷
书　　号　ISBN 978-7-5720-1810-7/G·1652
定　　价　350.00 元（全11册）

如发现质量问题，读者可向本社调换　电话：021-64373213

前　言

　　上海市盲童学校始创于1912年，是上海市唯一一所为视障儿童提供教育和服务的特殊教育公立学校。目前，我校形成了涵盖学前、小学、初中、高中及中职各学段，包含盲、低视力、多重障碍三大类型的高等教育以下完整视障教育体系。百余年间，我校勇于探索，在学科教学、德育、艺术和体育教育等方面取得了卓越成就，探索出了一套完整的课程体系。

　　近年来，视障儿童的障碍类型呈现多样化、复杂化的趋势，且障碍程度愈加严重，视障兼有其他障碍的儿童数量越来越多。而传统的教育教学体系难以使视障儿童的发展达到最佳程度，无法满足视障儿童全面融入社会的要求。因此，在新时期党和国家要求建设高质量特殊教育体系的背景下，我校自2010年起开始了新的探索和实践，整合教育、心理、医学、康复等专业资源，构建教育与康复相结合的视障教育体系。同时，"视障儿童教育、康复与保健相结合的实践研究"被立项为上海市市级重点课题。在课题引领下，我们拓展了康复的内涵，将保健融合其中，形成了视障儿童个性化教育与康复的实践模式。这一模式最大程度地满足了视障儿童个性化、差异性的教育与康复需求，促进了视障儿童的最优发展，提高了视障儿童的生命质量。

　　我校的"视障儿童个性化教育康复实践模式的研究"项目荣获2017年上海市教学成果奖特等奖和2018年基础教育国家级教学成果奖二等奖。《视障儿童个性化教育与康复的实践研究》《视障儿童康复教育教学资源》就是该项目的成果荟萃。这两套书是上海市盲童学校

1

历时十余年教育实践成果的高度凝练，体现的是我校对视障儿童发展的高度关心，对视障教育内涵的深度拓展，对自身教育使命的深刻认知。《视障儿童个性化教育与康复的实践研究》一书从研究与创新、案例与实践两个维度展开，全面展示了视障儿童个性化教育与康复的实践经验；《视障儿童康复教育教学资源》则是十一个领域教学内容和教学资源的精彩展示。

《视障儿童康复教育教学资源》共十一册，分别为：视觉功能训练、定向行走训练、运动康复、感觉统合、认知发展、言语与语言训练、作业治疗、心理康复、社会适应、职业康复和保健。该套教学资源从视障儿童身心特点出发进行编写，各分册既相互独立，又相互关联。每册教学资源根据"单元—课文—训练"的体例进行编写，主题鲜明，要点突出，内容丰富，具有很强的教学指导性。同时，该套教学资源图文并茂，条理清晰，适合视障儿童使用。

这两套书的出版，聚十余年之力，集众人之心血。一路走来，风雨兼程，薪火相传，展现了我校所有师生为之努力奋斗的精神力量，这种精神源于我们为视障儿童"点亮心灯"而不懈努力。"路漫漫其修远兮"，我们将不忘从事特殊教育的初心，秉承老一辈视障教育工作者的优良传统，以为视障儿童提供优质教育为己任，继往开来，不断前行。

编者

2023 年 4 月

目　录

第一单元

触觉训练

第1课 大龙球被动按摩

🍎 认识器具

大龙球有光滑的和粗糙的两种质地。

光滑大龙球

粗糙大龙球

☆ 活动体验

1. 学生俯卧，老师分别用光滑和粗糙的两种大龙球在学生的手背、四肢外侧、背部进行滚动按摩。学生体验不同质地的大龙球在身体的这些部位移动时的感觉。

2. 学生仰卧，老师分别用光滑和粗糙的两种大龙球在学生的四肢内侧、脚背、胸腹部进行滚动按摩。学生体验不同质地的大龙球在身体的这些部位移动时的感觉。

3. 学生侧卧，老师分别用光滑和粗糙的两种大龙球在学生的体侧进行滚动按摩。学生体验不同质地的大龙球在身体侧边移动时的感觉。

拓展练习

回家后，与家长一起利用器具进行练习。

1. 选择自己心情放松、身体状况良好时与家长进行互动练习。

2. 如果你触觉敏感，可先用光滑质地的球进行按摩。

3. 进行按摩时，遵循先身体外缘后身体中心、先背侧后内侧的原则。

4. 让家长边按摩边告诉你按摩的部位和方向。

5. 让家长引导你说出按摩的部位和感受。

第 2 课　触觉器自我按摩

🍎 认识器具

触觉训练器有多种不同的形状和质地。

按摩器

按摩球

☆ 活动体验

　　请学生选择几个自己喜欢的触觉按摩器，用它们按摩一下自己的手指、手臂、手心、脚掌等不同部位，感受一下它们的质地。

拓展练习

　　回家后，与家长进行互动练习。除了球形的按摩器，你可以利用家里各种不同质地的玩具或生活用品等进行训练。例如，长毛的、绒布的、橡胶的玩具，纸巾、牙刷、毛巾等生活用品。

　　让家长将物品放在你身体的不同部位，充分感受并尽量说出你的感觉，例如软软的、尖尖的、凉凉的。

第 3 课　触觉球互动游戏

🍎 回顾器具

你认识或使用过哪些触觉球？光滑大龙球和粗糙大龙球的触觉感受有什么不同？你身体的哪些部位能够感受到大龙球的刺激，哪些部位最敏感？

☆ 活动体验

两人一组，分别将光滑和粗糙的两种大龙球轮流推向对方指定的身体部位。

拓展练习

你可以根据身体不同部位对触觉的敏感程度的差异，让家长由轻到重慢慢加大力度将大龙球推向自己。可以先用不敏感的部位将球反弹给家长，然后再用较为敏感的部位。

第4课　滚筒移动训练

🍎 认识器具

滚筒的形状、高度和宽度各不相同。

滚筒

☆ 活动体验

1. 学生仰面躺在滚筒中，双腿弯曲，两手放在体侧。老师推动滚筒使学生在滚筒中滚动。

2. 学生俯身趴在滚筒中，双手支撑身体，抬头向前看。老师推动滚筒使学生在滚筒中滚动。

拓展练习

　　请你在家长的帮助下分别形成仰卧、双腿弯曲、双手抱膝的姿势，然后把自己的身体当作人体滚筒，在软的床垫上或铺着地毯的地板上进行滚动。可以先在家长的帮助下滚动，然后自己控制身体滚动，以充分体验身体各个部位与接触面的触感。

第 5 课　滚筒隧道

🍎 认识器具

将滚筒拼接成各种式样的滚筒隧道。

组合隧道

单向隧道

☆ 活动体验

学生手脚并用，爬行通过各种滚筒隧道。

拓展练习

请你在家长的帮助下尝试用不同的动作穿越隧道，如背部支撑、侧面匍匐等。到校后，在课堂上向老师和其他同学进行展示。

第6课　海洋球

🍎 认识器具

摸一摸、看一看，体验海洋球在身体上按摩时的感觉。

海洋球

☆ 活动体验

　　用球盆装一些海洋球，然后将球洒在身体的各个部位，体验多个海洋球散落在身体上的感觉。

拓展练习

　　周末，让家长带你去商场或游乐场的海洋球游戏区进行体验，在玩海洋球的同时提高人际交往能力。

第7课　海洋球池移动训练

🍎 认识器具

在海洋球池里创造多种不同的玩法，列如在池内用脚蹬一蹬、用手拨一拨，体验搓动、戈技的感觉。

海洋球池

☆ 活动体验

　　学生尽量降低身体，埋在海洋球池里，然后手脚配合在海洋球池里向前移动，穿越海洋球池。

拓展练习

　　请你尝试用各种方法从海洋球池的一侧移动到另一侧，例如爬行通过、行走通过、匍匐通过、双脚跳过等。

第二单元

前庭觉训练

第 8 课　摆荡训练

🍎 认识器具

利用吊马和吊筒进行摆荡练习。想一想，用什么方法可以在吊马和吊筒上保持平衡？

吊马

吊筒

☆ 活动体验

1. 吊马：学生先骑坐在吊马上，然后让上半身趴在吊马上，双手抱住、双腿夹紧吊马，老师或家长开始推动吊马。训练中，学生尽可能保持身体平衡，不从吊马上掉落下来。在学生能够比较好地控制身体平衡后，老师或家长可慢慢加大推动力度，增加摆荡幅度。

　　2. 吊筒：学生先坐在吊筒上，然后双腿夹住、双手环抱住吊筒柱体，老师或家长分别从学生的前、后、左、右四个方向，轻轻推动吊筒。在训练中，学生尽可能保持身体平衡，不从吊筒上掉落下来。在学生能够比较好地控制身体平衡后，老师或家长可慢慢加大推动力度，增加摆荡幅度。

　　学生在已经很好地掌握训练动作后，可以尝试各种更高难度的姿势，如下图所示，以进一步提高身体的平衡和控制能力。

第9课　平衡木训练

🍎 认识器具

　　平衡木的类型多种多样。从形状上看，平衡木有直线型、波浪型或组装型。从质地上看，平衡木有光滑的、粗糙的。另外，有的平衡木上可能有一些凸起物，以增加行走难度。因此，学生在训练前一定要先看一看、摸一摸，大致了解平衡木的总体构造后再开始练习。

波浪型平衡木

组装型平衡木

☆ 活动体验

刚开始，老师或家长要带领学生在平衡木上走几个来回。在熟悉行走路线后，学生可以独立站在平衡木上，双手伸展，帮助自己保持平衡，并练习从平衡木的一端缓慢走向另一端。

对于视障学生，一开始独立练习时老师或家长要多用语言提示和引导，避免学生有过分恐惧和挫败感。

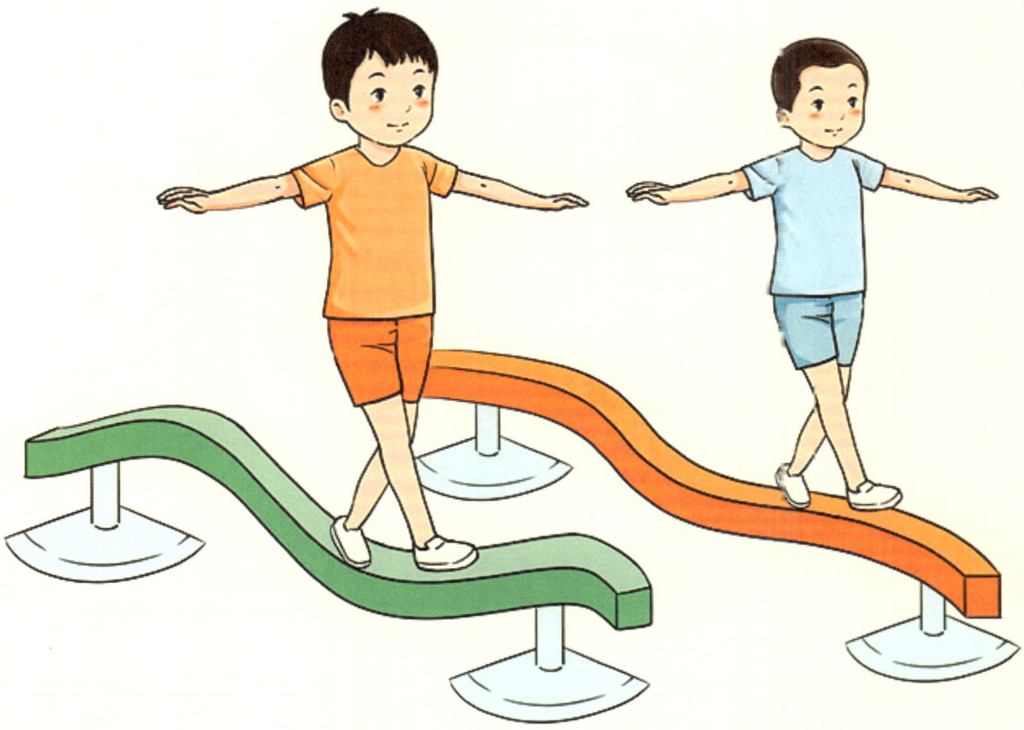

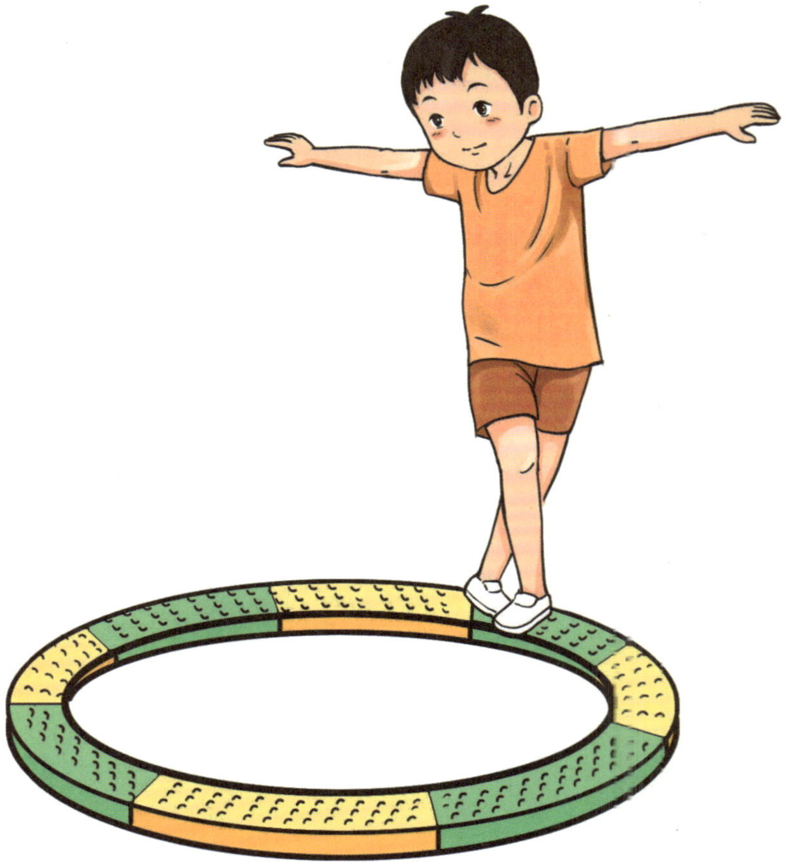

拓展练习

　　在平衡木训练中较好地保持平衡后，学生可以发挥创造力，使用组装型平衡木组装各种新的形状进行训练。在训练过程中，老师要引导学生独立思考、独立练习。

第10课　蹦床辅助训练

🍎 认识器具

　　蹦床可以让学生感受和控制身体位置的移动。学生通过看一看、摸一摸、坐一坐、站一站，简单认识蹦床。

蹦床

☆ 活动体验

　　在学生初步认识和体验过蹦床的弹跳感后，老师或家长牵着学生的手，或让学生搭在老师或家长的肩膀上，帮助学生从蹲起开始慢慢过渡到蹲跳或跳跃。在训练的过程中，老师或家长可根据每个学生的具体情况增加或减少辅助程度。

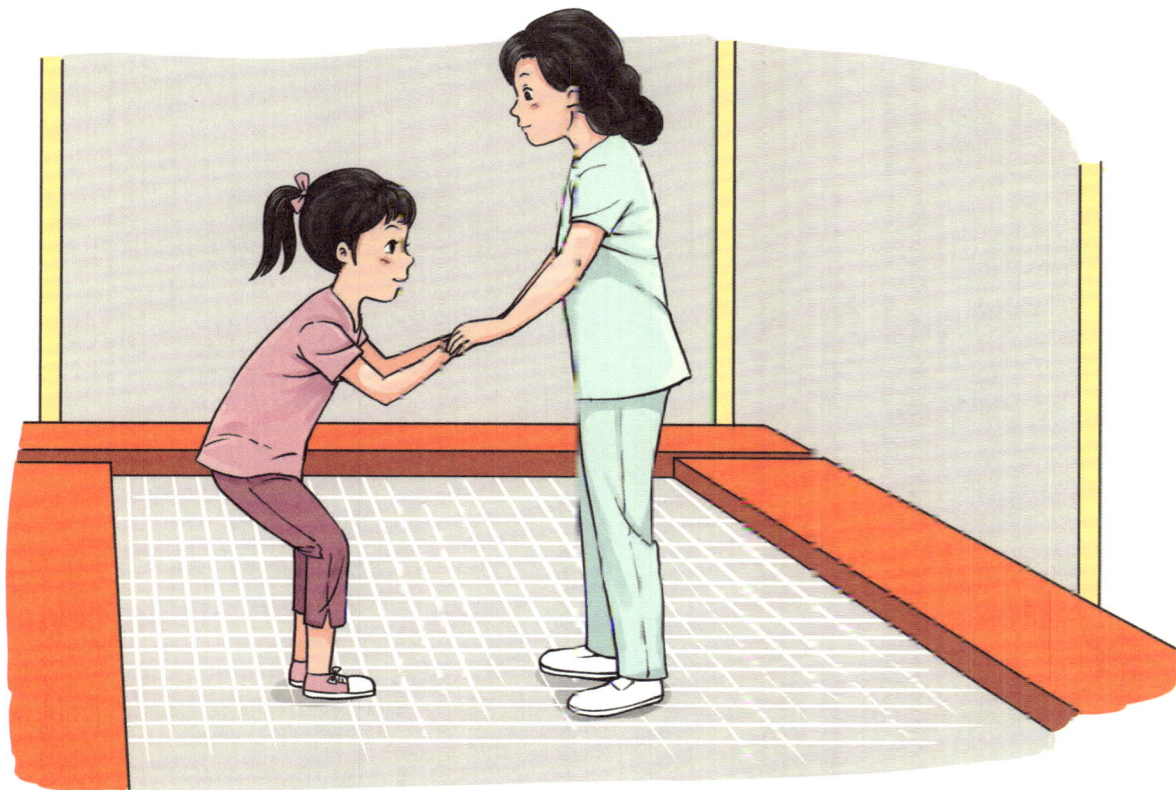

拓展练习

学生自己主导在蹦床上进行跳跃练习，虽然老师或家长还会给学生提供搀扶或搭肩，但跳跃的速度、高度、次数完全由学生主导。

第 11 课　蹦床自主训练

🍎 回顾器具

　　蹦床有的大，有的小，有的有扶手，有的没有扶手。你在练习过程中使用过哪些种类的蹦床？你感觉使用哪种蹦床最容易跳起来，哪种蹦床最难跳起来？

☆ 活动体验

　　1. 自主蹦跳：假如蹦床有扶手，或者将蹦床放在有可扶围栏的区域里，学生自行手扶栏杆在蹦床上跳跃。

2. 蹦床蹲跳：学生尝试独自站在蹦床上做蹲起（双脚不离开蹦床）动作，体验身体和蹦床的相互作用并保持平衡。待熟练掌握后，学生逐渐将蹲起转变为蹲跳（双脚离开蹦床）。

拓展练习

学生在很好地掌握和完成独立蹦床跳跃练习的基础上，挑战自己的创造力和想象力，开发多种有难度的训练动作。例如，在跳跃时旋转身体，旋转角度可以从 45° 过渡到 90°，甚至到 180°，或者从双脚跳过渡到单脚跳。

第 12 课　独脚凳训练

🍎 认识器具

独脚凳好像一把椅子，但它需要坐着的人调整身体的姿势和力度以保持稳定。

独脚凳

☆ 活动体验

学生进行独脚凳静坐训练时，臀部坐于独脚凳凳面，两脚平放在地面上，控制身体，调整重心，使自己平稳地坐在独脚凳上。

![拓展练习]

1. 坐独脚凳拍手：臀部坐在独脚凳上，两脚平放在地面上，拍手的同时控制身体重心，保持平衡。

2. 坐独脚凳手指左右点地：臀部坐在独脚凳上，两脚平放在地面上，上半身左右倾斜使手指点地，同时控制身体重心，保持平衡。

第 13 课　独脚凳互动训练

🍎 回顾器具

请你描述一下独脚凳的结构，说说使用独脚凳的感受，以及如何在独脚凳上保持平衡。

☆ 活动体验

1. 互动击掌：臀部坐在独脚凳上，两脚平放在地面上，与老师面对面；当老师伸出手掌时，学生伸手与老师击掌，同时控制身体重心，保持平衡。

2. 听指令转圈：臀部坐在独脚凳上，两脚平放在地面上，与老师面对面；当老师说转圈后，两脚同向逐一移动，转动一圈回到与老师面对面为止，同时控制身体重心，保持平衡。

拓展练习

1. 坐独脚凳踏步：臀部坐在独脚凳上，两脚平放在地面上，与老师面对面；当老师说踏步后，两脚交替抬起踏步，同时控制身体重心，保持平衡。

2. 独脚凳上"飞翔"：臀部坐在独脚凳上，两脚平放在地面上，两手侧平举，学鸟儿飞翔的姿势挥动手臂，同时控制身体重心，保持平衡。

第 14 课　羊角球训练

🍎 认识器具

羊角球是用厚橡胶制成的充气圆球，上面有两只把手便于握住弹跳。它是进行感觉统合训练的常用器材。

羊角球

☆ 活动体验

1. 原地跳跃：学生坐在羊角球上，两手抓住把手，双脚用力蹬地，跟随羊角球的弹动进行原地跳跃。

2. 移动训练：学生坐在羊角球上，两手抓住把手，双脚用力蹬地，身体用力向前，跟随羊角球的弹动向前跳跃。

原地跳跃

移动训练

拓展练习

1. 追逐游戏：学生两两一组，前后排列，每个学生都坐在羊角球上，两手抓住把手。前排学生先出发，10秒后后排学生再出发，跟随羊角球的弹动向前跳跃，追逐前面学生。

2. 变向跳跃：学生坐在羊角球上，两手抓住把手，双脚用力蹬地，身体跟随羊角球的弹动用力带动羊角球按圆形轨迹移动。

第三单元

本体觉训练

第15课 对墙推球训练

🍎 认识器具

学生摸一摸、拍一拍球，感受它们的质地和弹性情况。

篮球

排球

☆ 活动体验

学生俯卧在训练垫上，头部向上，双臂水平悬起，双手均匀用力将球推向墙壁。开始时学生距离墙壁近一些，待熟练后可适当增加与墙壁的距离。学生在推球过程中体会球的运动节奏，让手的用力节奏配合球的运动节奏。

拓展练习

在家练习时，邀请家长一起参与。俯卧在地毯或垫子上，与家长面对面来回传递球。

第 16 课　运球游戏

🍎 认识器具

通过摸一摸、说一说，认识训练用球的大小、质地和名称。

网球　　　　　　　　乒乓球

☆ 活动体验

1. 左右运球：在学生的左右两侧各放置一个小筐，在一侧筐中放入网球或乒乓球（球的数量可以由少到多逐渐增加），学生用手将一侧筐中的球逐一放到另一侧筐中。

2. 背后运球：在学生的左右两侧各放置一个小筐，在一侧筐中放入网球或乒乓球（球的数量可以由少到多慢慢增加），学生用手将一侧筐中的球从身后传给另一只手，再放到另一侧筐中。

拓展练习

　　在学生熟练地传递、转移如网球和乒乓球大小的球之后，可以更换不同大小的球来增加难度。例如，把球换成大一点的皮球、篮球或大龙球，以增加学生身体各部位的参与度。

第 17 课　定点投球

🍎 **回顾器具**

　　学生已经使用过各种不同的训练球，如大龙球、篮球、足球、网球、乒乓球等。由于球的大小不同，训练项目的难易程度也不同，因此可以根据训练项目选择不同的球。

☆ **活动体验**

　　对于低视力学生：将低视力学生比较容易辨认颜色的小筐放在学生前方一定距离处，让学生把皮球投掷到筐里。

对于全盲学生：由老师或家长在小筐的位置处拍手或吹哨子，帮助学生定位，让学生把皮球投掷到筐里。

拓展练习

在学生已经能熟练地将球扔进筐里后，可以改变小筐的位置，如将小筐放在学生的左前方、右前方，还可以将小筐远离学生，增加投掷距离。

第 18 课　滚筒游戏

🍎 认识器具

滚筒有不同的形状、高度和质地。

滚筒

☆ 活动体验

1. 爬滚筒：将滚筒固定，学生站在滚筒外侧，脚踩在滚筒栏杆上，手扶着滚筒栏杆，从滚筒的一侧爬到另一侧。

2. 走滚筒：不固定滚筒，学生站在滚筒内侧，脚踩在滚筒栏杆上，手扶着滚筒栏杆，两脚向前移动使滚筒移动起来。

拓展练习

利用家里的沙发垫搭出几个山丘状的障碍物，进行翻越障碍物的训练。

第 19 课　平衡木互动行走

🍎 回顾器具

学生复习平衡木的不同走法：

① 正向移动；

② 侧向移动；

③ 双脚交替前进；

④ 双脚并排前移。

☆ 活动体验

1. 两人一组，依次站立于同一根平衡木的一端，后行学生双手搭在前行学生的双肩上，两人互相配合一起走到平衡木的另一端。

2. 两人一组，分别站立于两根平衡木的一端，同时出发，行走过程中手拉手互相配合调整速度，顺利走到平衡木的另一端。

拓展练习

去公园游玩时，和家长或小伙伴一起借用花坛的路牙进行练习。在练习过程中，一定要注意安全。

第 20 课 滑板滑行训练

🍎 认识器具

学生看一看、摸一摸滑板，了解滑板的大小、形状，感受滑板移动时的感觉。

滑板（正面）

滑板（反面）

☆ 活动体验

1. 学生俯卧在滑板上，两手在滑板两侧滑动，使滑板向前移动。

2. 学生俯卧在滑板上，老师两手将滑板固定在斜坡上；待做好准备后，老师放手，学生随着滑板一起从斜坡上滑下。

拓展练习

由于器材的限制和对安全的考虑，课后可通过一些替代项目来达到训练目的，如玩滑滑梯、坐过山车或海盗船等。

第21课　滑板互动滑训练

🍎 回顾器具

　　一位学生坐在滑板上，另一位学生拉着滑板上的牵引绳带前行。

☆ 活动体验

学生按顺序排成一列，俯卧在滑板上，后一位学生抓住前一位学生的脚踝。老师拉住第一位学生的手，带领整队学生移动。移动路线由直线开始，逐渐加入转弯、圆形或 S 形线。

拓展练习

在课后复习时，请学生做一回老师，把滑板练习的动作示范给家长看，也可以请家长一起参与。

上海市盲童学校

视障儿童康复教育教学资源

认知发展

徐洪妹　主编

高　梅　编著

上海教育出版社
SHANGHAI EDUCATIONAL
PUBLISHING HOUSE

图书在版编目（CIP）数据

视障儿童康复教育教学资源. 认知发展 / 高梅编著
. —上海：上海教育出版社，2022.12
ISBN 978-7-5720-1810-7

Ⅰ.①视… Ⅱ.①高… Ⅲ.①视觉障碍－儿童教育
－特殊教育－教学参考资料 Ⅳ.①G761

中国版本图书馆CIP数据核字(2022)第242433号

责任编辑　李　祥　徐青莲　沈明玥
封面设计　蒋　妤

视障儿童康复教育教学资源　认知发展
徐洪妹　主编
高　梅　编著

出版发行　上海教育出版社有限公司
官　　网　www.seph.com.cn
地　　址　上海市闵行区号景路159弄C座
邮　　编　201101
印　　刷　苏州工业园区美柯乐制版印务有限责任公司
开　　本　890×1240　1/16　印张 49.5（全11册）
字　　数　435千字（全11册）
版　　次　2023年7月第1版
印　　次　2023年7月第1次印刷
书　　号　ISBN 978-7-5720-1810-7/G·1652
定　　价　350.00元（全11册）

如发现质量问题，读者可向本社调换　电话：021-64373213

前　言

　　上海市盲童学校始创于1912年，是上海市唯一一所为视障儿童提供教育和服务的特殊教育公立学校。目前，我校形成了涵盖学前、小学、初中、高中及中职各学段，包含盲、低视力、多重障碍三大类型的高等教育以下完整视障教育体系。三余年间，我校勇于探索，在学科教学、德育、艺术和体育教育等方面取得了卓越成就，探索出了一套完整的课程体系。

　　近年来，视障儿童的障碍类型呈现多样化、复杂化的趋势，且障碍程度愈加严重，视障兼有其他障碍的儿童数量越来越多。而传统的教育教学体系难以使视障儿童的发展达到最佳程度，无法满足视障儿童全面融入社会的要求。因此，在新时期党和国家要求建设高质量特殊教育体系的背景下，我校自2010年起开始了新的探索和实践，整合教育、心理、医学、康复等专业资源，构建教育与康复相结合的视障教育体系。同时，"视障儿童教育、康复与保健相结合的实践研究"被立项为上海市市级重点课题。在课题引领下，我们拓展了康复的内涵，将保健融合其中，形成了视障儿童个性化教育与康复的实践模式。这一模式最大程度地满足了视障儿童个性化、差异性的教育与康复需求，促进了视障儿童的最优发展，提高了视障儿童的生命质量。

　　我校的"视障儿童个性化教育康复实践模式的研究"项目荣获2017年上海市教学成果奖特等奖和2018年基础教育国家级教学成果奖二等奖。《视障儿童个性化教育与康复的实践研究》《视障儿童康复教育教学资源》就是该项目的成果荟萃。这两套书是上海市盲童学校

1

历时十余年教育实践成果的高度凝练，体现的是我校对视障儿童发展的高度关心，对视障教育内涵的深度拓展，对自身教育使命的深刻认知。《视障儿童个性化教育与康复的实践研究》一书从研究与创新、案例与实践两个维度展开，全面展示了视障儿童个性化教育与康复的实践经验；《视障儿童康复教育教学资源》则是十一个领域教学内容和教学资源的精彩展示。

《视障儿童康复教育教学资源》共十一册，分别为：视觉功能训练、定向行走训练、运动康复、感觉统合、认知发展、言语与语言训练、作业治疗、心理康复、社会适应、职业康复和保健。该套教学资源从视障儿童身心特点出发进行编写，各分册既相互独立，又相互关联。每册教学资源根据"单元—课文—训练"的体例进行编写，主题鲜明，要点突出，内容丰富，具有很强的教学指导性。同时，该套教学资源图文并茂，条理清晰，适合视障儿童使用。

这两套书的出版，聚十余年之力，集众人之心血。一路走来，风雨兼程，薪火相传，展现了我校所有师生为之努力奋斗的精神力量，这种精神源于我们为视障儿童"点亮心灯"的不懈努力。"路漫漫其修远兮"，我们将不忘从事特殊教育的初心，秉承老一辈视障教育工作者的优良传统，以为视障儿童提供优质教育为己任，继往开来，不断前行。

编者

2023 年 4 月

目　录

第一单元

基本认知

第1课 注意

学一学

1. 用最短的时间数出图中有几个苹果。（盲：把篮子里的苹果都找出来。）

_____

2. 先认一认下图中的动物，在听到动物的叫声后立即指出相应的动物。

鸟　　　　　狗　　　　　牛　　　　　鸡

拓展

1. 游戏：听口令做动作。

口令可以是：点点点，点到谁，谁起立；点点点，点到谁，谁请坐；点点点，点到谁，谁跺脚；点点点，点到谁，谁拍手；点点点，点到谁，谁跑一圈……

2. 游戏：开火车数数。

规则：3～6 个人围成一圈，轮流从 1 数到 100。

练一练

1. 听一听，判断是哪种车发出的声音，并指出相应的图片。

2. 请把所有的数字"5"圈出来。（盲：听到数字"5"举一下手。）

13579　　57351

73524　　65862

51375　　46259

73586　　45103

5697520375942563 0

5026594205647150

1975345635245978

8 6 1 4 5 0 3 7 3 5 6 2 8 9 5 0

3. 听故事，当听到"大公鸡"时举一下手。

在森林里，有一对冤家——一只聪明的大公鸡和一只愚蠢的狐狸。它们之间发生的趣事儿可真不少！

一天早上，大公鸡在路边散步，忽然发现狐狸跟踪它，立刻撒腿就跑。可是毕竟两爪跑不过四脚，大公鸡还是被狐狸抓住了。狐狸张大嘴巴，口水直流，假惺惺地对大公鸡说："鸡大哥，兄弟我十天没吃饭了，您就当我的一顿饭吧！"大公鸡看着狐狸肥乎乎的脸，如同水桶般的腰，心里嘀咕："真是白骨精演说——妖言惑众，要想吃我，等到猴年马月吧。"大公鸡的金点子如同流水，眼珠转了几圈，就想出了对付狐狸的好办法。

狐狸看着大公鸡发呆的样子，以为大公鸡被吓傻了，张开血盆大口扑了过去。忽然，"停！"狐狸吓得一愣，大公鸡笑着说："你吃我没问题，但我的狗大哥会伤心的，它一定会吃了你，你正好是我狗大哥的一顿大餐。"大公鸡越说越夸张，简直把大壮狗夸成了森林之王。

狐狸听得脸上直冒冷汗，心像小兔子一样乱跳，心想："这亏本生意咱可不干，虽然吃了美餐，可又被别人给吃了，真是泥菩萨过河——自身难保，还是保命要紧。"它想着想着，连滚带爬地逃跑了。

　　大公鸡看到狐狸狼狈逃跑的样子，哈哈大笑："真是笨蛋，大壮狗怎么会是森林之王呢，不过是一只看门的狗罢了。"

　　大公鸡大摇大摆地继续散步，但转念一想又跑了起来，因为它要把自己的传奇经历赶快在森林里传一传！

第 2 课　记忆

🎯 **学一学**

1. 看一看，遮起来，然后说说刚刚看到了哪些水果。

2. 摸一摸，然后说说刚刚摸到了哪些物品。

3. 摸一摸（摸不同质地的物品），猜一猜。

（1）摸下列物品。

粗糙　　　　　软绵绵　　　　　光滑

滑溜溜　　　　　毛茸茸

（2）摸更多的物品，然后说说哪些已经摸过了。

4. 听一听，说说听到了哪些声音。

拓展

1. 游戏：排排坐。

第一次：6～10个小朋友排排坐，解散后迅速复原。

第二次：6～10 个小朋友排排坐，请一个小朋友花 1 分钟时间记住每个人的位置，解散后，再请这个小朋友给大家按照原队形复原。

2. 记忆的方法。

（1）记数字。

13010105050，可以这样记：130—1010—5050。（分段记忆法）

102591025，可以这样记：要你爱我就要你爱我。（谐音记忆法）

（2）记二十四节气。（韵律记忆法）

可以这样记：

> 春雨惊春清谷天，夏满芒夏暑相连。
>
> 秋处露秋寒霜降，冬雪雪冬小大寒。
>
> 每月两节不变更，最多相差一两天。
>
> 上半年来六、廿一，下半年是八、廿三。

（3）背古诗《寻隐者不遇》。（联想记忆法）

> 松下问童子，言师采药去。
>
> 只在此山中，云深不知处。

练一练

1. 记住爸爸、妈妈或其他重要的电话号码。

2. 听录音片段，说出听到了哪些动物的叫声。

3. 请用最短的时间记住下列各种水果的价格（单位：元/斤），然后遮起来，完成下面的数字填空。

3元　6元　7元　10元　16元

___元　___元　___元

___元　___元

第 3 课 模仿

学一学

1. 照着样子，画一画。

2. 看图片，学做动作。

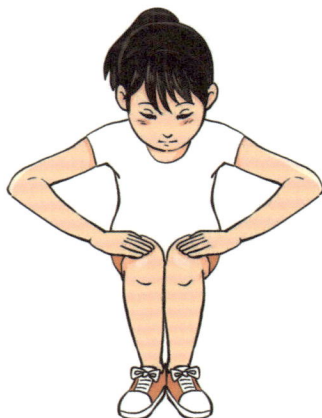

拓展

1. 听节奏, 学一学。

老师用一种乐器从简单到复杂打击节奏, 请先认真听, 再模仿做。

2. 看表情, 演一演。(或者听声音, 模仿情绪。)

3. 游戏: 拷贝不走样。

将动作、表情和声音进行不同组合, 从易到难。

练一练

1. 照着样子描一描，画一画。

2. 看着样子，做一做。

将 2 颗绿色珠子、2 颗黄色珠子交错串接起来。

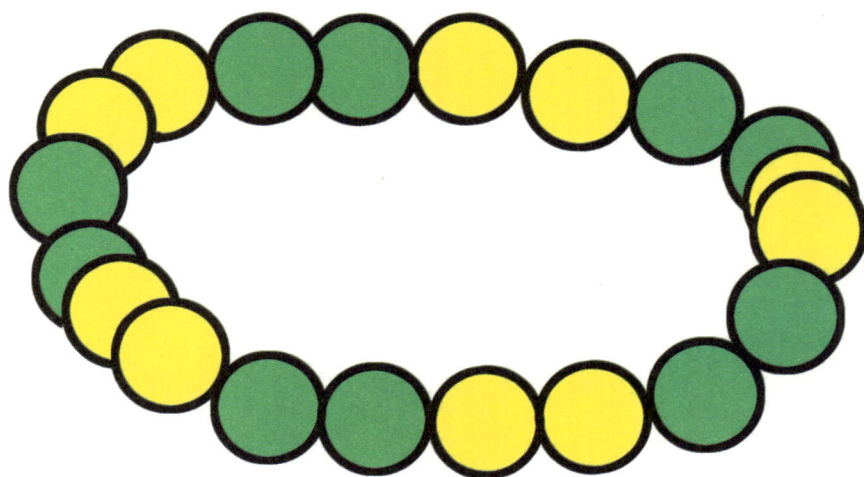

第二单元

基本概念

第 4 课　颜色

红色

蓝色

黄色

绿色

练一练

1. 将相同颜色的物体连线。

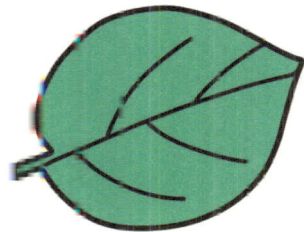

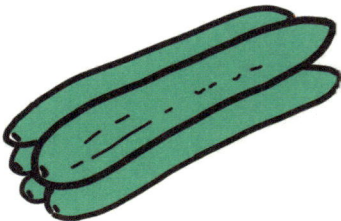

2. 找出所有的红色图形。

3. 说出下列图中物体的颜色。

4. 看一看，是什么颜色的灯亮了？

第5课　形状

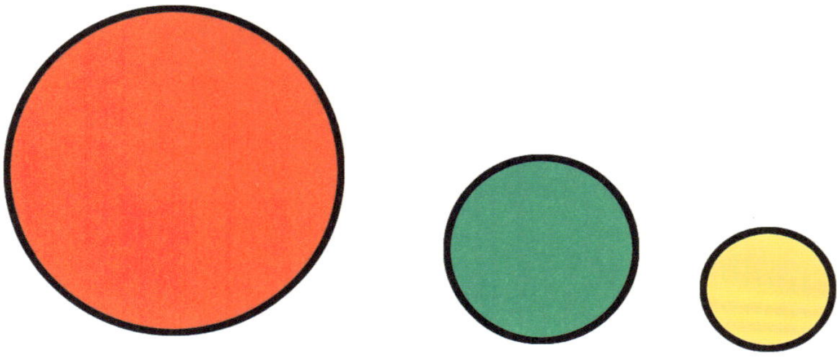

圆形

三角形

正方形

练一练

1. 图形配对：将相同形状的物体连线。

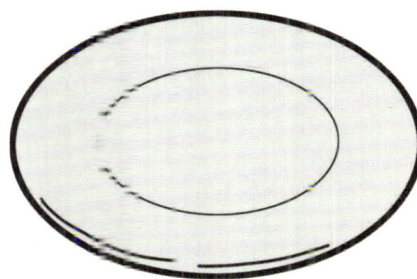

2. 图形归类：把相同的图形画在同一个框中。

3. 图形拼接：用不同的图形拼出下正的图案。

第6课　时间

学一学

白天

夜晚

清晨

傍晚

练一练

1. 说说下图中的场景分别发生在什么时间。

2. 将下面每组的图片按照从早到晚的顺序排列。

（1）第一组

（　　）　　　　　　　　　　（　　）

（　　　）

（　　　）

（2）第二组

上学（　　　）

做操（　　　）

吃晚饭（　　　）

睡觉（　　　）

第 7 课　方位

小朋友，你看到了什么？

上面

下面

前面　　　　　　后面

左边　　　　　中间　　　　　右边

练一练

1. 看图说话。

_____在_____的上面，_____在_____的下面。

在 🦆 的＿＿＿＿面。

2. 根据口令站到老师的前面或后面。

3. 把小熊分别放在桌子的上面、下面、前面和后面。

4. 说一说，妈妈和小宝分别站在花朵的左边还是右边。

第三单元

数量关系

第8课　大小

篮球**大**

跳跳球**小**

小三角形

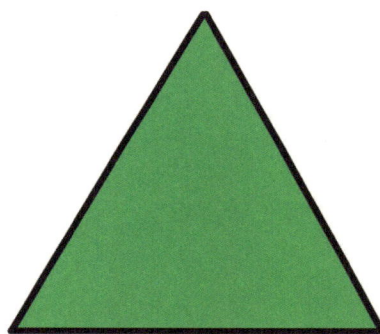

大三角形

练一练

1. 找一找身边的物品，说说哪些大，哪些小。

2. 在大的物体下面打"√"。

（1）柚子和橘子

（　　　）　　　　　　　　（　　　）

（2）老鼠和大象

（　　　）　　　　　　　　（　　　）

（3）公鸡和小鸡

（　　）　　　　　　　　（　　）

第9课　多少

多　　　　　　　少

苹果和梨同样多

练一练

1. 在数量多的物体下面打"√"。

（1）一只公鸡和一群小鸡

（　　　）　　　　　　　　（　　　）

（2）一堆米和一袋米

（　　　）　　　　　　　　（　　　）

（3）三个南瓜和一堆南瓜

（　　　）　　　　　　　　（　　　）

2. 说一说，哪些物体同样多。

3. 分享点心：每人 1 个碟子、1 只杯子、1 块饼干。

第10课 长短

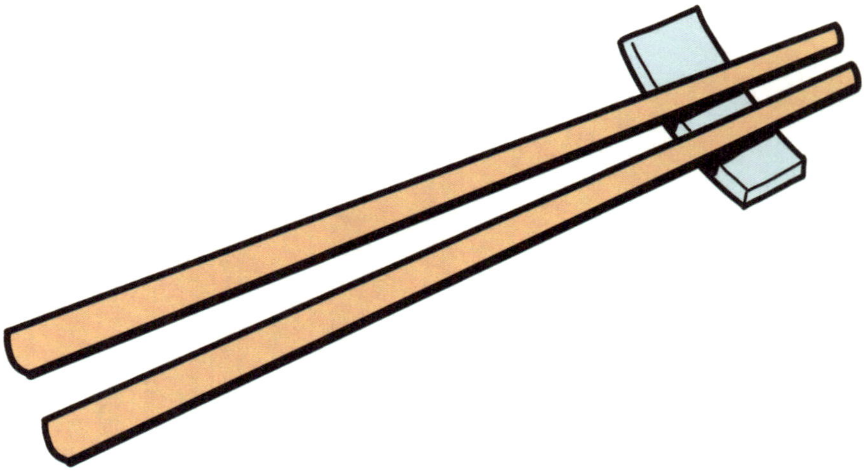

两根筷子**同样长**

短裤 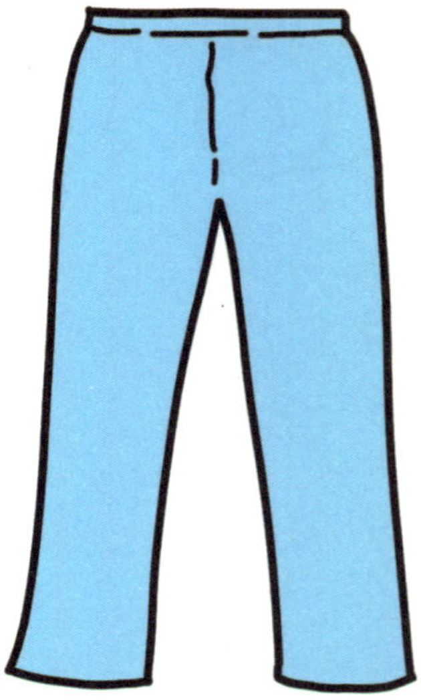   长裤

练一练

1. 在长的物体下面打 "√"。

（1）铅笔

（　　）

（　　）

（2）直尺

（　　）

（　　）

2. 找一找身边的物品，说说哪些同样长，哪些有长有短。

第 11 课　轻重

学一学

一瓶水轻

一桶水重

西瓜重

篮球轻

练一练

1. 在重的物体下面打 "√"。

（1）南瓜和橘子

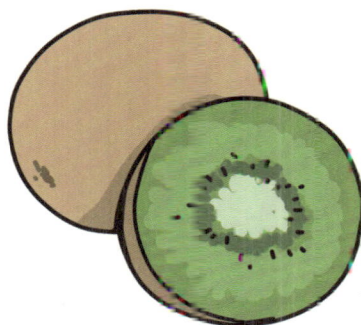

（　　　　）　　　　　　（　　　　）

（2）樱桃和猕猴桃

（　　　　）　　　　　　（　　　　）

（3）气球和篮球

（　　　　）　　　　　　（　　　　）

2. 把下面物品放在天平上，看看哪个最重。

茶杯　　　　　　　牙刷　　　　　　　牙膏

第四单元

思维发展

第 12 课　分一分

请把红苹果放进红色篮子，绿苹果放进绿色篮子。

练一练

1. 根据颜色对下列物品进行分类。

2. 找一找下图中的餐具。

3. 指出下图中哪些是水果，哪些是蔬菜。

第 13 课　找一找

学一学

1. 找一找下图中的两位女士有什么不同。

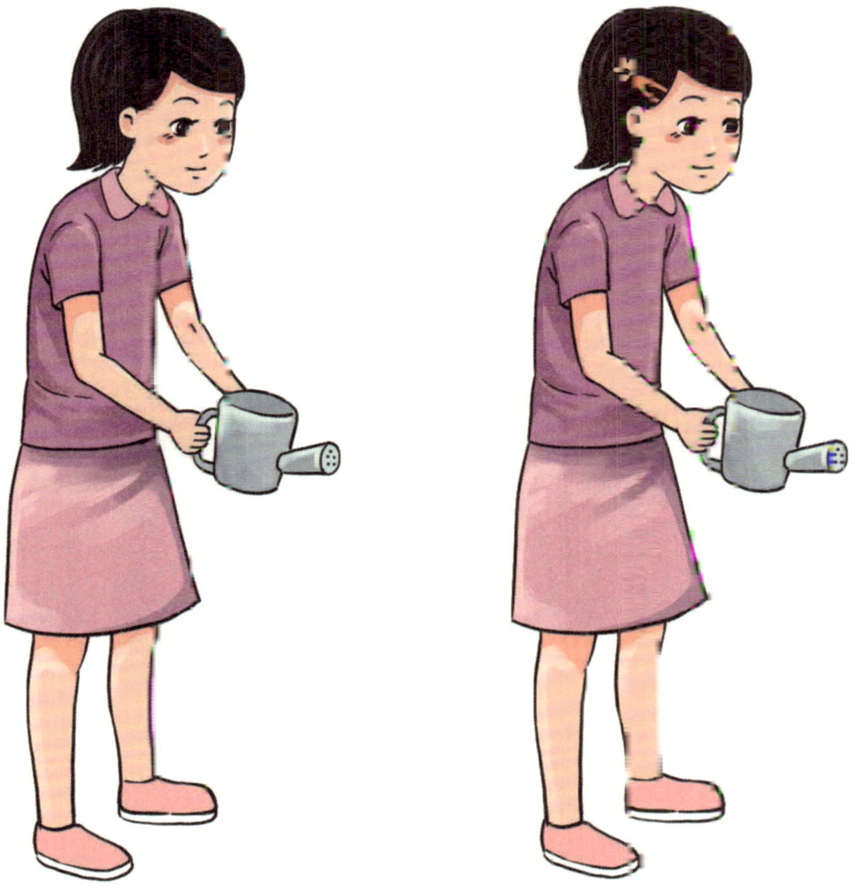

答案：左边女士没有戴发卡，右边女士戴了一个发卡。

2. 下列物体中哪一个与其他三个不是同一类？

答案：左边三个是水果，最右边一个是小鸟。

练一练

1. 下列物体中哪一个与其他三个不是同一类？

2. 看图找不同（如数数这些动物分别有几条腿）。

3. 下列哪一个形状与其他三个不同？

4. 下列物品中哪一个与其他三个不是同一类？

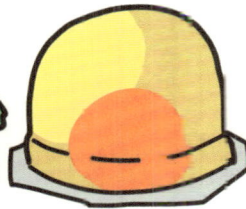

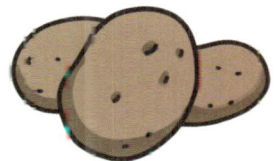

第 14 课　怎么办

学一学

太高了，够不着，怎么办？

方法一：向他人求助。

方法二：借助工具。

练一练

1. 在外面与家人走散了，怎么办？

2. 两个人吃一个苹果，怎么分？

3. 怎样把水烧开？

第 15 课　为什么

🎯 **学一学**

1. 地上为什么湿了？

答案：因为下雨了。

2. 他为什么捂着肚子？

答案：因为他＿＿＿＿＿＿＿＿＿。

练一练

1. 树叶为什么都落下来了？

2. 地上、树上为什么都变白了？

3. 他为什么哭了？

4. 他为什么想喝水？

上海市盲童学校

视障儿童康复教育教学资源

言语与语言训练

徐洪妹 主编

杜 婧 编著

上海教育出版社

SHANGHAI EDUCATIONAL
PUBLISHING HOUSE

图书在版编目（CIP）数据

视障儿童康复教育教学资源.言语与语言训练／杜
婧编著.—上海：上海教育出版社，2022.12
ISBN 978-7-5720-1810-7

Ⅰ.①视… Ⅱ.①杜… Ⅲ.①视觉障碍－儿童教育－
特殊教育－教学参考资料 Ⅳ.①G761

中国版本图书馆CIP数据核字(2022)第242424号

责任编辑 李　祥　徐青莲　沈明玥
封面设计 蒋　妤

视障儿童康复教育教学资源　言语与语言训练
徐洪妹　主编
杜　婧　编著

出版发行　上海教育出版社有限公司
官　　网　www.seph.com.cn
地　　址　上海市闵行区号景路159弄C座
邮　　编　201101
印　　刷　苏州工业园区美柯乐制版印务有限责任公司
开　　本　890×1240　1/16　印张 49.5（全11册）
字　　数　435千字（全11册）
版　　次　2023年7月第1版
印　　次　2023年7月第1次印刷
书　　号　ISBN 978-7-5720-1810-7/G·1652
定　　价　350.00元（全11册）

如发现质量问题，读者可向本社调换　电话：021-64373213

前　言

　　上海市盲童学校始创于 1912 年，是上海市唯一一所为视障儿童提供教育和服务的特殊教育公立学校。目前，我校形成了涵盖学前、小学、初中、高中及中职各学段，包含盲、低视力、多重障碍三大类型的高等教育以下完整视障教育体系。百余年间，我校勇于探索，在学科教学、德育、艺术和体育教育等方面取得了卓越成就，探索出了一套完整的课程体系。

　　近年来，视障儿童的障碍类型呈现多样化、复杂化的趋势，且障碍程度愈加严重，视障兼有其他障碍的儿童数量越来越多。而传统的教育教学体系难以使视障儿童的发展达到最佳程度，无法满足视障儿童全面融入社会的要求。因此，在新时期党和国家要求建设高质量特殊教育体系的背景下，我校自 2010 年起开始了新的探索和实践，整合教育、心理、医学、康复等专业资源，构建教育与康复相结合的视障教育体系。同时，"视障儿童教育、康复与保健相结合的实践研究"被立项为上海市市级重点课题。在课题引领下，我们拓展了康复的内涵，将保健融合其中，形成了视障儿童个性化教育与康复的实践模式。这一模式最大程度地满足了视障儿童个性化、差异性的教育与康复需求，促进了视障儿童的最优发展，提高了视障儿童的生命质量。

　　我校的"视障儿童个性化教育康复实践模式的研究"项目荣获 2017 年上海市教学成果奖特等奖和 2018 年基础教育国家级教学成果奖二等奖。《视障儿童个性化教育与康复的实践研究》《视障儿童康复教育教学资源》就是该项目的成果荟萃。这两套书是上海市盲童学校

1

历时十余年教育实践成果的高度凝练,体现的是我校对视障儿童发展的高度关心,对视障教育内涵的深度拓展,对自身教育使命的深刻认知。《视障儿童个性化教育与康复的实践研究》一书从研究与创新、案例与实践两个维度展开,全面展示了视障儿童个性化教育与康复的实践经验;《视障儿童康复教育教学资源》则是十一个领域教学内容和教学资源的精彩展示。

《视障儿童康复教育教学资源》共十一册,分别为:视觉功能训练、定向行走训练、运动康复、感觉统合、认知发展、言语与语言训练、作业治疗、心理康复、社会适应、职业康复和保健。该套教学资源从视障儿童身心特点出发进行编写,各分册既相互独立,又相互关联。每册教学资源根据"单元—课文—训练"的体例进行编写,主题鲜明,要点突出,内容丰富,具有很强的教学指导性。同时,该套教学资源图文并茂,条理清晰,适合视障儿童使用。

这两套书的出版,聚十余年之力,集众人之心血。一路走来,风雨兼程,薪火相传,展现了我校所有师生为之努力奋斗的精神力量,这种精神源于我们为视障儿童"点亮心灯"的不懈努力。"路漫漫其修远兮",我们将不忘从事特殊教育的初心,秉承老一辈视障教育工作者的优良传统,以为视障儿童提供优质教育为己任,继往开来,不断前行。

编者

2023 年 4 月

目　录

第一单元

b m d h

第1课 声母b

看图认读

1. 认读声母

b

菠萝的菠

b b b

2. 认读字词

bá

拔

bǐ
笔

bō
播

💬 读一读

1. 读词语

爸—爸爸　　　白—白云
鼻—鼻子　　　宝—宝贝
波—波浪　　　背—背包

2. 念儿歌

拔萝卜

拔萝卜，拔萝卜，
嗨哟嗨哟，拔萝卜，
嗨哟嗨哟，拔不动。
小朋友，快快来，
快来帮我们拔萝卜。

（节选自经典儿歌《拔萝卜》，有改动）

玩一玩

利用下面字词进行棋盘游戏（棋盘游戏规则见附录）。

1. 爸、白、包、奔、冰、辫

2. 爸爸、白色、背包、奔跑、溜冰、辫子、班长、步行、
   班级、真棒、蹦蹦跳、比赛、来宾

第 2 课　声母 m

看图认读

1. 认读声母

m

摸一摸的摸

m　m　m

2. 认读字词

mā
妈

mì
蜜

mào
帽

读一读

1. 读词语

蘑—蘑菇　　　　　麦—麦田
木—木马　　　　　妹—妹妹
米—大米　　　　　毛—毛豆

2. 念儿歌

采蘑菇

采蘑菇的小姑娘，
她采的蘑菇最多，
她采的蘑菇最大。

（节选自陈晓光作词的《采蘑菇的小姑娘》，有改动）

玩一玩

利用下面字词进行棋盘游戏。

1. 妈、摸、买、妹、忙、梦、米、面
2. 妈妈、抚摸、面包、买东西、妹妹、大卖场、帮忙、做梦、买米、面包圈、豆苗、抿嘴笑、什么、满意、母亲、名字

第 3 课 声母 d

📷 看图认读

1. 认读声母

d

嘚 嘚 嘚

d d d

2. 认读字词

dǎ

打

dí
笛

dù
肚

💬 **读一读**

1. **读词语**

大—大雨	袋—袋鼠
弟—弟弟	稻—稻草
读—读书	多—许多

2. 念儿歌

吹起小喇叭

吹起小喇叭，
嗒嘀嗒嘀嗒！
打起小铜鼓，
嗵隆嗵隆咚！

（节选自冼星海创作的《只怕不抵抗》，有改动）

玩一玩

利用下面字词进行棋盘游戏。

1. 戴、蛋、弟、动、丢、盯、蹲、短
2. 戴头巾、鸭蛋、彩蛋、弟弟、游动、丢掉、盯着看、一堆草、电灯、蝴蝶、花朵、当心

第 4 课　声母 h

看图认读

1. 认读声母

h

喝水的喝

h　h　h

2. 认读字词

hā
哈

hǔ

虎

hé

盒

📃 读一读

1. 读词语

哈—哈哈　　　　海—大海

河—河流　　　　黑—黑白

湖—湖泊　　　　好—好事

2. 念儿歌

两只老虎

两只老虎，两只老虎，
跑得快，跑得快，
一只没有眼睛，
一只没有尾巴，
真奇怪，真奇怪！

（节选自经典儿歌《两只老虎》，有改动）

玩一玩

利用下面字词进行棋盘游戏。

1. 喝、黑、好、猴、喊、火、花、黄、红、灰
2. 喝水、黑色、好看、美猴王、呼喊、火花、黄色、红色、灰色、花环、彩虹、大海、欢乐、婚礼

第二单元

ptkgn

第5课 声母p

看图认读

1. 认读声母

p

泼水的泼

p p p

2. 认读字词

pá
爬

pú
葡

pán
盘

📱 读一读

1. 读词语

趴—趴下　　　扑—扑灭

婆—外婆　　　拍—拍手

皮—皮球　　　跑—跑步

2. 念儿歌

吹泡泡

吹泡泡，吹泡泡，
吹呀吹出大泡泡！
大泡泡，飞呀飞，
见到太阳问声好。

玩一玩

利用下面字词进行棋盘游戏。

1. 爬、拍、泡、喷、胖、碰、皮、漂、乒
2. 爬行、拍皮球、吐泡泡、喷水、肥胖、碰巧、皮肤、漂浮、乒乓球、婆婆、陪伴、拼命

第6课 声母：

看图认读

1. 认读声母

t

特 产 的 特

t t t

2. 认读字词

tǎ

塔

tái

台

tiào

跳

📑 **读一读**

1. 读词语

踏—踏板　　　套—套装

踢—踢球　　　头—头发

图—图画　　　拖—拖车

2. 念儿歌

兔子跳跳跳

一只兔子跳跳跳，
两只兔子跳跳跳，
跳来跳去找萝卜，
萝卜萝卜在哪里？

玩一玩

利用下面字词进行棋盘游戏。

1. 她、他、糖、贴、挑、甜、听、图、涂、头
2. 他们、糖果、贴画、挑选、甜甜的、听歌、图画、涂色、淘气、谈心、疼爱、投寄包裹、秋天

第7课 声母k

看图认读

1. 认读声母

k

蝌蚪的蝌

k k k

2. 认读字词

kǎ

卡

kòu

扣

kuā

夸

读一读

1. 读词语

咖—咖啡　　　开—开门

科—科学　　　考—考试

哭—哭泣　　　快—飞快

2. 念儿歌

小木马快快跑

小木马真是好，真是好，

我骑马儿快快跑，快快跑。

嘚驾嘚驾快快跑，

嘚驾嘚驾快快跑，

嘚驾嘚驾嘚驾嘚驾快快跑。

（节选自朱晋杰作词的《小木马》，有改动）

玩一玩

利用下面字词进行棋盘游戏。

1. 开、口、看、哭、跨、快、宽、扛

2. 张开、开口、可以、考验、看见、哭闹、跨栏、快速、
快乐、宽阔、辛苦、健康、恐龙

第 8 课　声母 g

看图认读

1. 认读声母

g

鸽 子 的 鸽

g　g　g

2. 认读字词

gá

嘎

gǒu

狗

guǎi

拐

读一读

1. 读词语

嘎—嘎嘎　　　　盖—盖子

歌—歌曲　　　　高—高楼

谷—谷穗　　　　怪—怪物

2. 念儿歌

小鸭嘎嘎

小鸭小鸭嘎嘎，
肚皮饿了嘎嘎，
摇摇摆摆走下河，
自己去抓小虾，
嘎嘎，嘎嘎！

（节选自王致铨作词的《小鸭嘎嘎》，有改动）

玩一玩

利用下面字词进行棋盘游戏。

1. 鬼、骨、钢、锅、怪、关、搞、哥、盖、公、给、狗
2. 魔鬼、骨架、钢铁、鬼怪、搞恶作剧、哥哥、锅盖、灯光、公鸡、诡计、高兴

第9课　声母n

看图认读

1. 认读声母

n

一个门洞

n　n　n

2. 认读字词

ná
拿

niǎo

鸟

niú

牛

读一读

1. 读词语

拿—拿好　　　奶—奶奶

泥—泥土　　　脑—脑袋

女—女孩　　　扭—扭腰

2. 念儿歌

扭秧歌

小朋友，快快来，
扭呀扭呀像条龙，
扭呀扭呀像彩虹，
你也扭，我也扭，
扭得大家笑呀笑哈哈。

玩一玩

利用下面字词进行棋盘游戏。

1. 鸟、闹、泥、捏、暖、农、男、女、年、嫩
2. 小鸟、热闹、捏泥巴、温暖、农民、男孩、女孩、新年、努力、奶奶

第三单元

j q x f

第 10 课　声母 j

 看图认读

1. 认读声母

j

小鸡的鸡

j　j　j

2. 认读字词

jú
橘

jiā

家

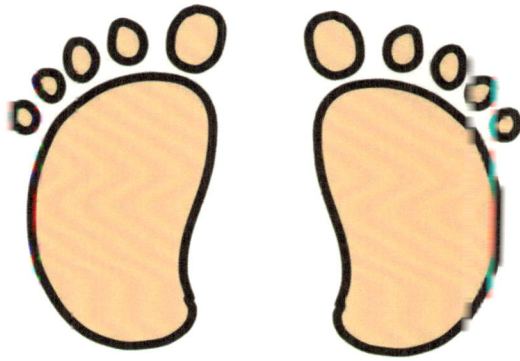

jiǎo

脚

📃 **读一读**

1. 读词语

机—机会　　　　　教—教师

举—举起　　　　　酒—酒精

2. 念儿歌

数小鸡

鸡妈妈，数小鸡，
一二三四五六七。
一只小鸡在吃米，
两只小鸡抢东西，
四只小鸡叽叽叽，
跑跑跳跳心欢喜。

玩一玩

利用下面字词进行棋盘游戏。

1. 寄、角、肩、奖
2. 邮寄礼物、鹿角、披肩、奖励、围巾、亮晶晶、橘红色、卷发、俊俏、炯炯有神、节假日、春节、舅舅、姐妹

第11课　声母 q

看图认读

1. 认读声母

q

红旗 的旗

q　q　q

2. 认读字词

qū

曲

qiē

切

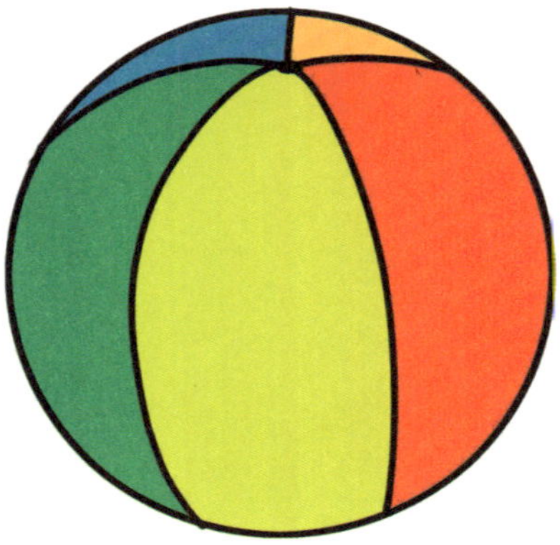

qiú

球

读一读

1. 读词语

骑—骑马　　　　雀—麻雀

气—气泡　　　　桥—木桥

2. 念儿歌

球

球儿大，球儿小，
球儿圆又圆，
拍呀拍，拍一拍，
拍拍我的小皮球。

（节选自陈镒康作词的《球儿歌》，有改动）

🧩 玩一玩

利用下面字词进行棋盘游戏。

1. 球、轻、取、圈、穷、骑、琴
2. 气球、轻重、取东西、转圈、贫穷、骑车、钢琴、亲切、巧克力、奇妙、歌曲、孔雀、一群马、跷跷板、秋千

第 12 课　声母 x

看图认读

1. 认读声母

x

西瓜的西

x　x　x

2. 认读字词

xiā

虾

xié

鞋

xiào

笑

📧 读一读

1. 读词语

吸—吸管　　　下—下雨

习—习惯　　　雪—雪花

洗—洗手　　　小—小狗

2. 念儿歌

下雪了

下雪了，下雪了，
小河变胖了，
小屋变高了，
雪地变成花年糕。

玩一玩

利用下面字词进行棋盘游戏。

1. 雪、鞋、险、下、新、熊、小、喜、笑、训
2. 雪人、滑雪板、冰鞋、危险、上下、下雪、新鲜、熊猫、喜欢、欢笑、训练、滑翔、高兴、气喘吁吁、旋转、休息

第 13 课　声母 f

看图认读

1. 认读声母

f

风车的风

f　f　f

2. 认读字词

fà

发

fú

服

fēi

飞

💬 **读一读**

1. 读词语

发—发现　　　　肥—肥胖

服—服务　　　　沸—沸腾

富—财富

2. 念儿歌

飞呀飞

飞呀，飞呀，飞呀，飞呀，
谁会飞？
小鸟会飞。
小鸟怎样飞？
拍着翅膀飞，
飞呀飞！

（节选自魏宏明作词的《飞呀飞》，有改动）

玩一玩

利用下面字词进行棋盘游戏。

1. 发、飞、饭、放、风、浮、蜂
2. 头发、飞机、米饭、放风筝、漂浮、蜂蜜、蜜蜂、花
   粉、衣服、花草芬芳

第四单元

l z s r

第14课 声母 l

看图认读

1. 认读声母

l

快乐的乐

l l l

2. 认读字词

lā

拉

lí
梨

lái
来

lāo
捞

读一读

1. 读词语

辣—辣椒　　　　来—回来

理—理发　　　　雷—打雷

路—马路　　　　劳—劳动

2. 念儿歌

手拉手

小朋友，手拉手，
大家都是好朋友。
手拉手儿排好队，
迈开大步向前走。

玩一玩

利用下面字词进行棋盘游戏。

1. 拉、累、落、凉、来、蓝、林、乱、脸、冷

2. 拉小车、劳累、落叶、乘凉、出来、蓝色、树林、凌乱、美丽、聊天、走廊

第 15 课　声母 z

看图认读

1. 认读声母

z

椅子的子

z　z　z

2. 认读字词

zài
再

zǎo

枣

zǒu

走

zuò

坐

读一读

1. 读词语

字—写字　　　　贼—马贼

祖—祖国　　　　早—早操

在—现在　　　　奏—演奏

2. 念儿歌

健康歌

左三圈，右三圈，

脖子扭扭，

屁股扭扭，

咱们一起来做运动。

（节选自许常德作词的《健康歌》，有改动）

玩一玩

利用下面字词进行棋盘游戏。

1. 早、走、钻、坐

2. 早晨、行走、钻研、选择、虎崽、赞扬、怎样、洗澡、
   增加、最开心

第 16 课　声母 s

看图认读

1. 认读声母

s

吐 <u>丝</u> 的 <u>丝</u>

s　s　s

2. 认读字词

sāi
腮

s ǎo

扫

s uǒ

锁

s uì

碎

读一读

1. 读词语

速—快速　　　　嗽—咳嗽

赛—比赛　　　　锁—开锁

嫂—嫂子　　　　隧—隧道

2. 念儿歌

伞花花

小乖乖，你猜猜，
什么花，雨里开？
小乖乖，看窗外，
伞花花儿雨里开。

玩一玩

利用下面字词进行棋盘游戏。

1. 洒、色、撕、苏、腮、搜、所、岁

2. 撒豆子、紫色、思考、雕塑、堵塞、扫地、搜索、缩小、唢呐、麦穗

第 17 课　声母 r

看图认读

1. 认读声母

r

日历的日

r　r　r

2. 认读字词

rè
热

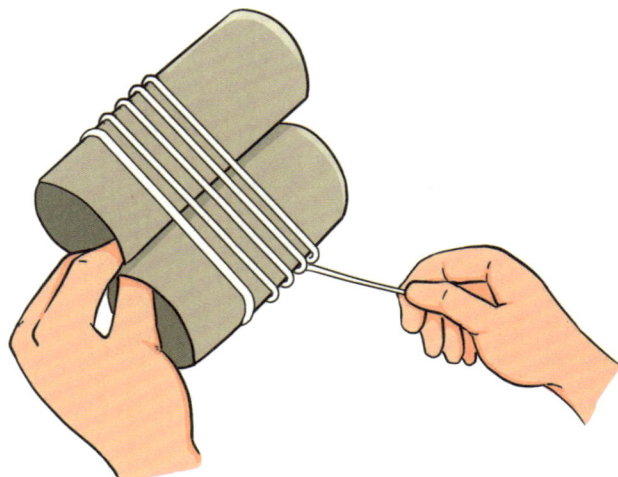

rào
绕

rán
燃

ruǎn
软

💬 读一读

1. 读词语

热—热爱　　　　肉—牛肉

日—日期　　　　人—人家

如—如具　　　　软—柔软

2. 念儿歌

节日歌

春节到，放鞭炮，

全家一起吃元宵。

拜年、祝福、发红包，

快乐的节日真热闹。

🧩 玩一玩

利用下面字词进行棋盘游戏。

1. 惹、人、饶、揉、弱、锐、燃、认

2. 热度、热烈、假如、加入、肉包子、染头发、任务、软绵绵

第五单元

c zh ch sh

第 18 课　声母 c

看图认读

1. 认读声母

c

刺猬的刺

c　c　c

2. 认读字词

cān
餐

cūn
村

céng
层

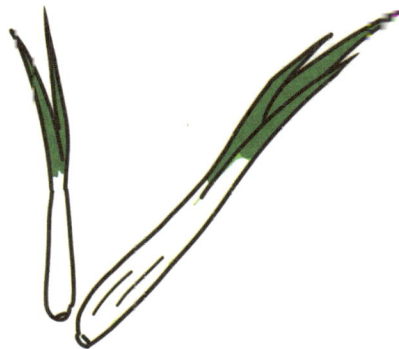

cōng
葱

读一读

1. 读词语

猜—猜谜　　　　　凑—凑热闹

操—做操　　　　　催—催促

仓—粮仓　　　　　丛—草丛

2. 念儿歌

蚕宝宝

蚕宝宝，脱衣裳，
脱了一件变个样。
脱了四件旧衣裳，
变成一个蚕姑娘。

玩一玩

利用下面字词进行棋盘游戏。

1. 刺、擦、猜、草、藏、粗、错、催、村
2. 刺耳、黑板擦、猜谜、绿草、躲藏、粗细、错误、催促、农村、聪明、木材、观测、参观

第 19 课　声母 zh

看图认读

1. 认读声母

zh

知 了 的 知

zh　zh　zh

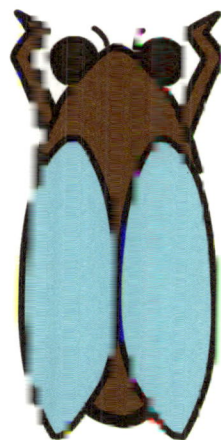

2. 认读字词

zhàn

站

zhǔn

准

zhuān

砖

zhuāng

桩

💬 **读一读**

1. 读词语

照—照相　　　　抓—抓住

站—站台　　　　正—端正

中—中央　　　　状—奖状

2. 念儿歌

找朋友

找呀找呀找朋友，
找到一个好朋友。
敬个礼呀握握手，
你是我的好朋友。

（节选自经典儿歌《找朋友》，有改动）

🧩 **玩一玩**

利用下面字词进行棋盘游戏。

1. 炸、找、追、转、中、站、重、抓

2. 爆炸、寻找、追赶、旋转、中间、太空站、失重、知
识、宇宙飞船、战斗、斗争、准备、服装、赚钱、捕
捉、阵地、志向、秩序

第 20 课　声母 ch

看图认读

1. 认读声母

ch

吃饭的吃

ch　ch　ch

2. 认读字词

chén

晨

chūn

春

chōng

冲

chuāng

窗

读一读

1. 读词语

柴—火柴　　　　　　抽—抽签

颤—震颤　　　　　　船—轮船

乘—乘车　　　　　　虫—昆虫

2. 念儿歌

萤火虫

小小萤火虫，

飞到西，飞到东。

这边亮，那边亮，

好像许多小灯笼。

玩一玩

利用下面字词进行棋盘游戏。

1. 吃、叉、茶、唱、吹、穿、唇、柴、炒、车、铲、厨、窗、虫

2. 吃饭、刀叉、茶杯、唱歌、吹热气、穿衣、嘴唇、柴火、炒菜、餐车、铲子、厨师、床柜、盛饭、嘴馋

第 21 课　声母 sh

看图认读

1. 认读声母

sh

狮 子 约狮

sh　sh　sh

2. 认读字词

shài
晒

shuǐ

水

shēn

伸

shuāng

双

读一读

1. 读词语

书—书桌　　　　　收—丰收

说—说话　　　　　帅—元帅

顺—通顺　　　　　赏—观赏

2. 念儿歌

谢谢您，好老师

我的好老师，
教我学文化。
小小嫩树苗，
茁壮长大啦。

玩一玩

利用下面字词进行棋盘游戏。

1. 沙、晒、勺、手、书、说、水、身、谁

2. 沙滩、晒太阳、防晒霜、勺子、手臂、双三、故事书、
说话、海水、身体、盛夏、玩耍

附录：棋盘游戏

将字词填入空格中，投掷骰子确定前进步数，读出对应格子中的字词。

起点

终点

上海市盲童学校

视障儿童康复教育教学资源

作业治疗

徐洪妹　主编

吉　沁　编著

上海教育出版社

SHANGHAI EDUCATIONAL

PUBLISHING HOUSE

图书在版编目（CIP）数据

视障儿童康复教育教学资源. 作业治疗 / 吉沁编著
. —上海：上海教育出版社，2022.12
ISBN 978-7-5720-1810-7

Ⅰ.①视… Ⅱ.①吉… Ⅲ.①视觉障碍－儿童教育
－特殊教育－教学参考资料 Ⅳ.①G761

中国版本图书馆CIP数据核字(2022)第242423号

责任编辑　李　祥　徐青莲　沈明玥
封面设计　蒋　妤

视障儿童康复教育教学资源　作业治疗
徐洪妹　主编
吉　沁　编著

出版发行　上海教育出版社有限公司
官　　网　www.seph.com.cn
地　　址　上海市闵行区号景路159弄C座
邮　　编　201101
印　　刷　苏州工业园区美柯乐制版印务有限责任公司
开　　本　890×1240　1/16　印张 49.5（全11册）
字　　数　435 千字（全11册）
版　　次　2023年7月第1版
印　　次　2023年7月第1次印刷
书　　号　ISBN 978-7-5720-1810-7/G·1652
定　　价　350.00 元（全11册）

如发现质量问题，读者可向本社调换　电话：021-64373213

前　言

　　上海市盲童学校始创于 1912 年，是上海市唯一一所为视障儿童提供教育和服务的特殊教育公立学校。目前，我校形成了涵盖学前、小学、初中、高中及中职各学段，包含盲、低视力、多重障碍三大类型的高等教育以下完整视障教育体系。百余年间，我校勇于探索，在学科教学、德育、艺术和体育教育等方面取得了卓越成就，探索出了一套完整的课程体系。

　　近年来，视障儿童的障碍类型呈现多样化、复杂化的趋势，且障碍程度愈加严重，视障兼有其他障碍的儿童数量越来越多。而传统的教育教学体系难以使视障儿童的发展达到最佳程度，无法满足视障儿童全面融入社会的要求。因此，在新时期党和国家要求建设高质量特殊教育体系的背景下，我校自 2010 年起开始了新的探索和实践，整合教育、心理、医学、康复等专业资源，构建教育与康复相结合的视障教育体系。同时，"视障儿童教育、康复与保健相结合的实践研究"被立项为上海市市级重点课题。在课题引领下，我们拓展了康复的内涵，将保健融合其中，形成了视障儿童个性化教育与康复的实践模式。这一模式最大程度地满足了视障儿童个性化、差异性的教育与康复需求，促进了视障儿童的最优发展，提高了视障儿童的生命质量。

　　我校的"视障儿童个性化教育康复实践模式的研究"项目荣获2017 年上海市教学成果奖特等奖和 2013 年基础教育国家级教学成果奖二等奖。《视障儿童个性化教育与康复的实践研究》《视障儿童康复教育教学资源》就是该项目的成果荟萃。这两套书是上海市盲童学校

历时十余年教育实践成果的高度凝练，体现的是我校对视障儿童发展的高度关心，对视障教育内涵的深度拓展，对自身教育使命的深刻认知。《视障儿童个性化教育与康复的实践研究》一书从研究与创新、案例与实践两个维度展开，全面展示了视障儿童个性化教育与康复的实践经验；《视障儿童康复教育教学资源》则是十一个领域教学内容和教学资源的精彩展示。

《视障儿童康复教育教学资源》共十一册，分别为：视觉功能训练、定向行走训练、运动康复、感觉统合、认知发展、言语与语言训练、作业治疗、心理康复、社会适应、职业康复和保健。该套教学资源从视障儿童身心特点出发进行编写，各分册既相互独立，又相互关联。每册教学资源根据"单元—课文—训练"的体例进行编写，主题鲜明，要点突出，内容丰富，具有很强的教学指导性。同时，该套教学资源图文并茂，条理清晰，适合视障儿童使用。

这两套书的出版，聚十余年之力，集众人之心血。一路走来，风雨兼程，薪火相传，展现了我校所有师生为之努力奋斗的精神力量，这种精神源于我们为视障儿童"点亮心灯"的不懈努力。"路漫漫其修远兮"，我们将不忘从事特殊教育的初心，秉承老一辈视障教育工作者的优良传统，以为视障儿童提供优质教育为己任，继往开来，不断前行。

编者

2023 年 4 月

目　录

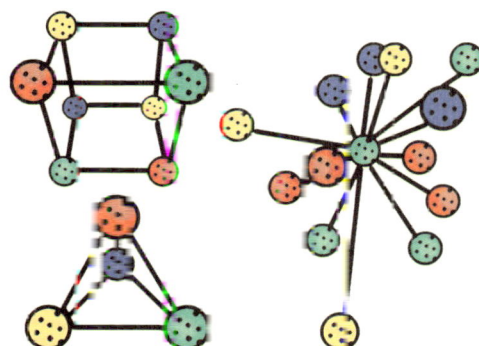

第一单元

非力性动作

第1课　触摸

看一看

学一学

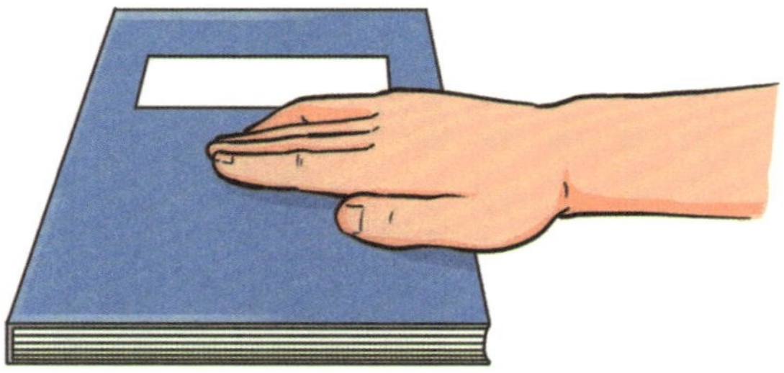

　　动作要求：手臂自然伸出，手指或手掌伸直，轻触物体表面或在物体表面上轻轻滑动。

练一练

触摸智能手机

触摸平板电脑

触摸触屏按键

✎ **作　业**

想一想，家里还有哪些物品，你可以用今天学习的动作摸一摸呢？回家后找找看，试一试，你一定行的！

第2课　悬垂

看一看

学一学

动作要求：三臂自然伸出，手指伸直，军放在某物体周围，或用手指尖轻触某物体，手掌悬空。

练一练

手指搭在桌边

双手悬空

作 业

想一想，家里还有哪些物品，你可以把手搭在边上或者悬空放在它的周围呢？回家后找找看，试一试，你一定行的！

第二单元

非抓握动作

第 3 课　推压

看一看

学一学

动作要求：手臂自然伸出，手指伸直，手指或掌心紧贴物体表面，用力压向物体，同时身体沿一定方向移动。

练一练

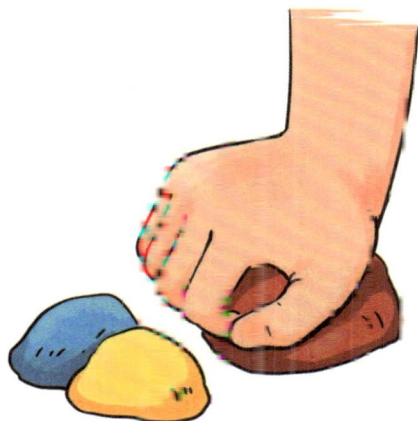

擀面饼　　　　　　　　压橡皮泥

作　业

　　想一想，家里还有哪些物品，你可以用今天学习的动作完成呢？回家后找找看，试一试，你一定行的！

第4课　托举

![看一看] 看一看

学一学

动作要求：手臂自然伸出，掌心朝上，手指伸直或稍微弯曲；将物体放置在掌心上，自然托起。

练一练

托起瓷碟子　　　　　　　托起篮球

托起纸箱

作业

想一想，家里还有哪些物品，你可以用今天学习的动作完成呢？回家后找找看，试一试，你一定行的！

第5课　击打

看一看

学一学

动作要求：手臂自然伸出，手指伸直或弯曲，用手的不同部位（指尖、掌心、指关节等）连续敲击物体表面。

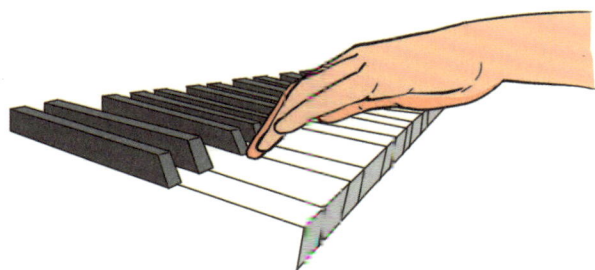

练一练

弹钢琴

敲键盘

敲门

✎ 作　业

　　想一想，家里还有哪些物品，你可以用今天学习的动作完成呢？回家后找找看，试一试，你一定行的！

第6课 勾拉

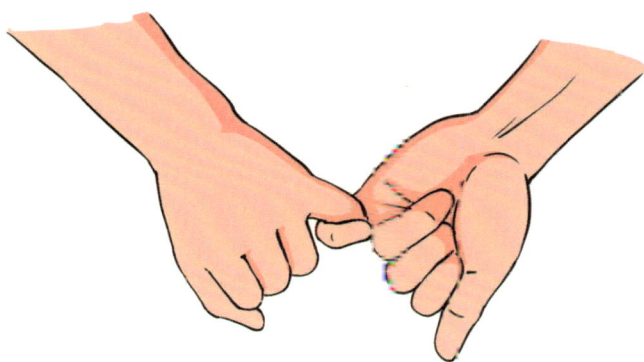

学一学

动作要求：手臂自然伸出，手指弯曲，用一根或多根手指（非大拇指）勾住物体，并轻轻用力拉向身体一侧。

15

练一练

拉绳子

拉拉杆箱

作　业

想一想，家里还有哪些物品，你可以用今天学习的动作完成呢？回家后找找看，试一试，你一定行的！

第三单元

抓握动作

第 7 课　球形抓握

看一看

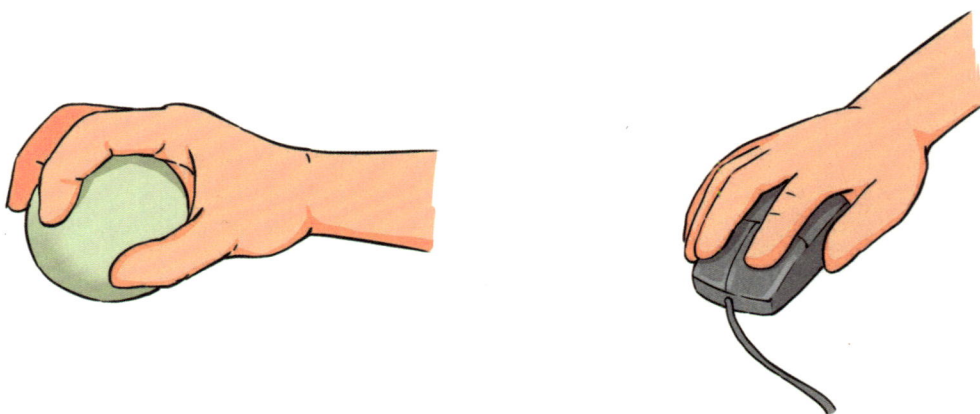

学一学

动作要求：手臂伸直，手掌朝下，五指弯曲，将物体紧握于掌心（或掌心悬空）与五指间。

练一练

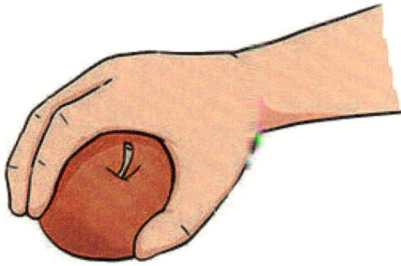

抓握苹果

抓握小球

抓握球形门把手

作　业

想一想，家里还有哪些物品，你可以用今天学习的动作握住呢？回家后找找看，试一试，你一定行的！

第8课 柱状抓握

看一看

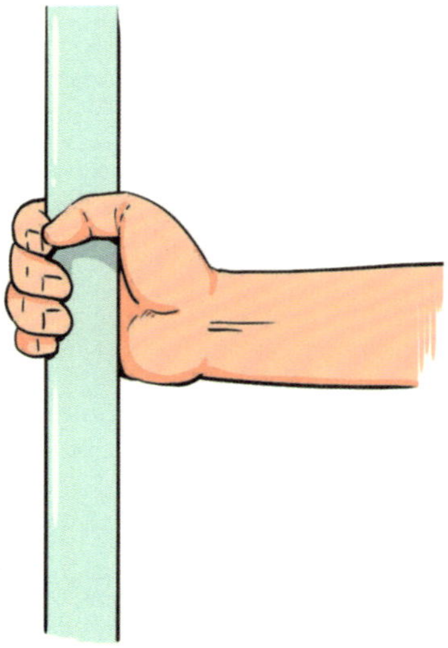

学一学

动作要求：手臂伸直，五指打开，将柱状物体紧贴手掌虎口处，五指弯曲紧握物体。

练一练

握盲杖　　　　　　握话筒

握拖把

作　业

　　想一想，家里还有哪些物品，你可以用今天学习的动作握紧呢？回家后找找看，试一试，你一定行的！

第四单元

精细动作

第9课　指腹捏（双指）

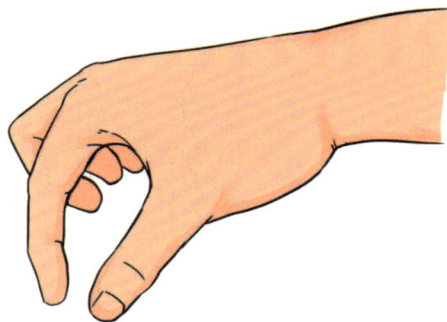

看一看

学一学

动作要求：手臂伸直，五指伸展，大拇指的腹中部位与其余四指中任意一指的腹中部位对捏，将物体捏于指间。

练一练

捏弹珠

捏金橘

捏饺子

作　业

想一想，家里还有哪些物品，你可以用今天学习的动作捏起来呢？回家后找找看，试一试，你一定行的！

第 10 课 多指捏

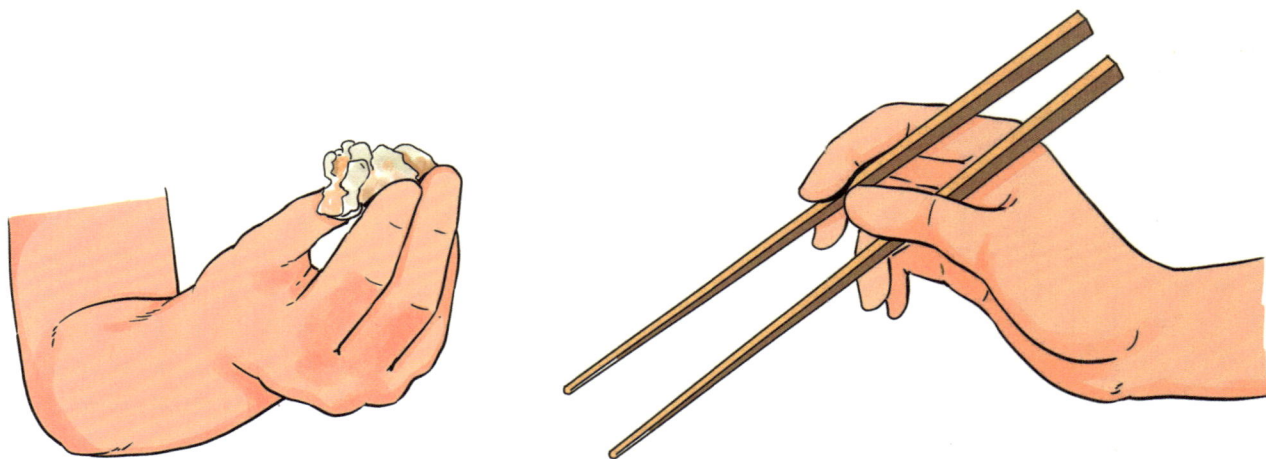

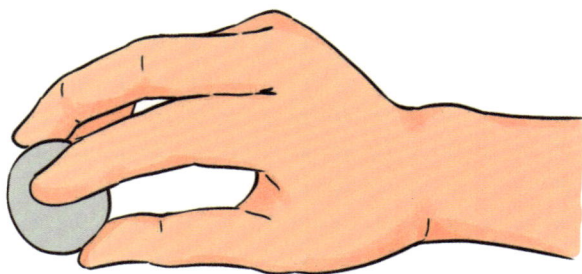

动作要求：手臂伸直，五指伸展，大拇指的腹中部位与其余四指中至少两个手指的腹中部位对捏，将物体捏于指间。

练一练

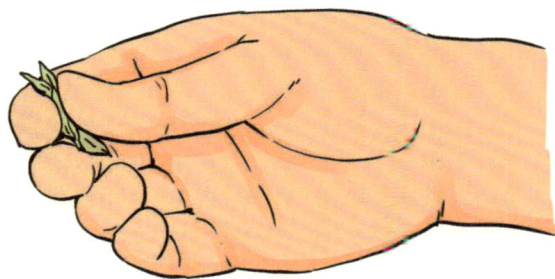

捏茶叶

捏按摩球

捏铅笔

作　业

想一想，家里还有哪些物品，你可以用今天学习的动作捏起来呢？回家后找找看，试一试，你一定行的！

第 11 课　侧捏

看一看

学一学

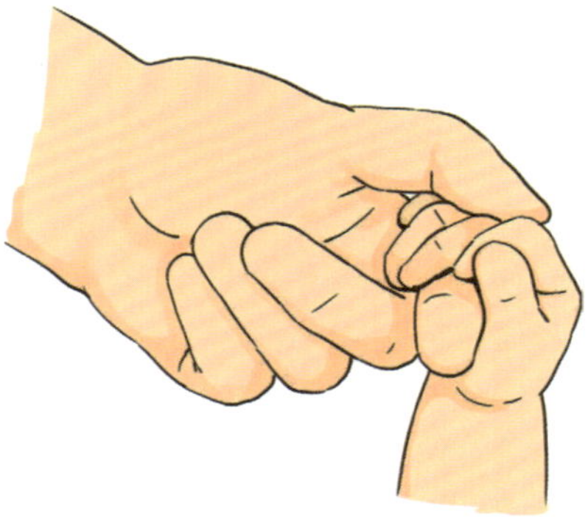

动作要求：五指伸展，四指并拢后自然弯曲，大拇指伸直；大拇指腹中部位与食指外侧对捏，将物体捏于中间。

练一练

捏钥匙

捏尺子

捏名片

作　业

　　想一想，家里还有哪些物品，你可以用今天学习的动作捏起来呢？回家后找找看，试一试，你一定行的！

第 12 课　指尖捏

看一看

学一学

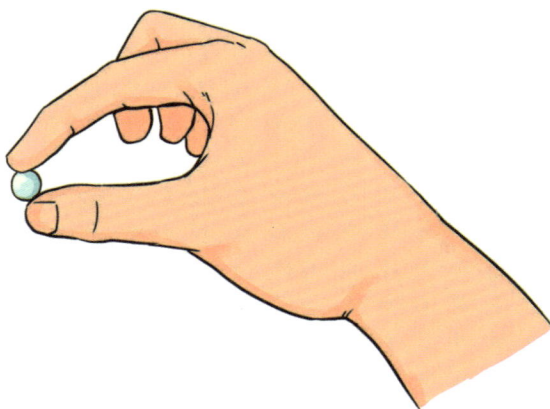

　　动作要求：手臂伸直，五指自然伸展，大拇指指尖与其余四指中的任意一个手指尖对捏，将物体紧捏于中间。

练一练

捏牙签

捏细绳

捏玉米粒

作　业

　　想一想，家里还有哪些物品，你可以用今天学习的动作捏起来呢？回家后找找看，试一试，你一定行的！

第五单元

手指操作

第13课 插孔

学一学

　　动作要求：手指侧捏（卡片类等）或多指捏（圆柱类等）物体，使其前端对准插口，然后轻轻用力，将其水平推进插口。（在确保插口安全时，另一只手的手指可放在插口边，帮助找准插口。）

练一练

插小木棒

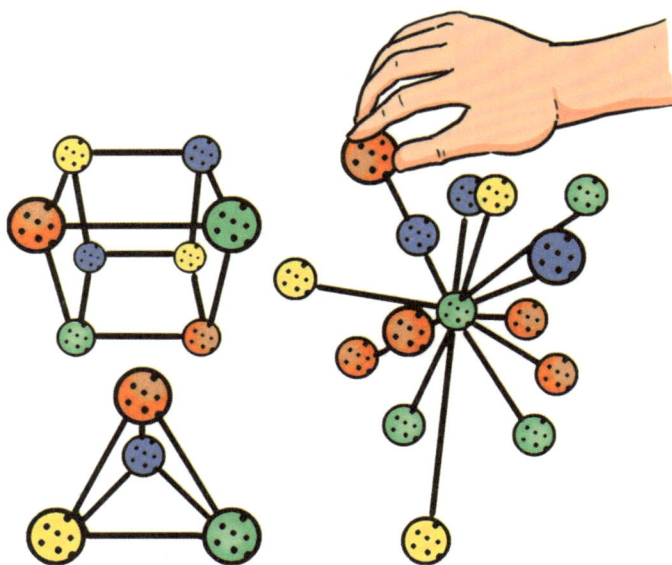

插小珠子

✏️ **作　业**

　　想一想，家里还有哪些物品，你可以用今天学习的动作完成呢？回家后找找看，试一试，你一定行的！

第 14 课　挤捏

看一看

学一学

动作要求：手臂自然伸出，手指捏（侧捏、双指捏或多指捏等）容器，并用力往开口处慢慢推移，将容器内物体排出。

练一练

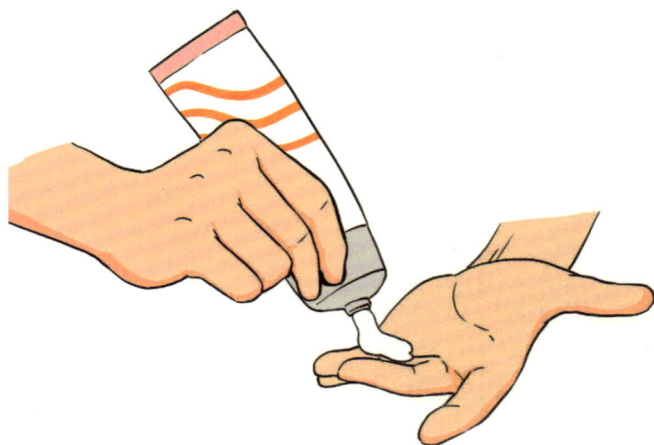

挤牙膏　　　　　　　　　　挤洗面奶

作　业

　　想一想，家里还有哪些物品，你可以用今天学习的动作完成呢？回家后找找看，试一试，你一定行的！

第 15 课　弹拨

看一看

学一学

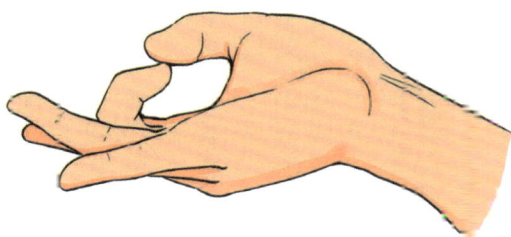

动作要求：手臂伸展，四指中任意一（或多）指弯曲，大拇指压紧（或不压）弯曲手指的指尖，然后弯曲的手指快速、用力伸展出去，弯曲的手指来回操作。

练一练

弹琵琶

弹古筝

作　业

想一想，家里还有哪些物品，你可以用今天学习的动作弹拨呢？回家后找找看，试一试，你一定行的！

第六单元

手腕操作

第16课　旋拧

看一看

学一学

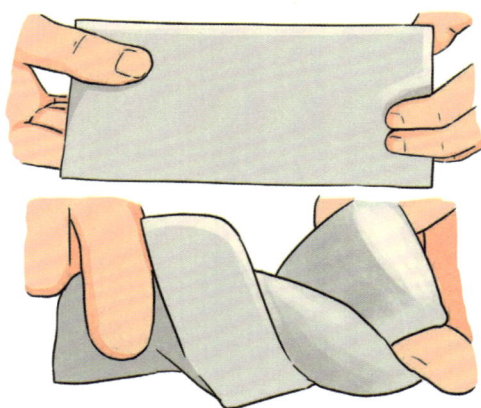

　　动作要求：手臂伸直，手指捏小物体或手掌抓握大物体的两端，一手不动，另一手用力旋转手腕，或双手同时朝相反方向旋转手腕。

练一练

拧拖把头

拧湿衣服

作　业

想一想，家里还有哪些物品，你可以用今天学习的动作完成呢？回家后找找看，试一试，你一定行的！

第 17 课　撕扯

看一看

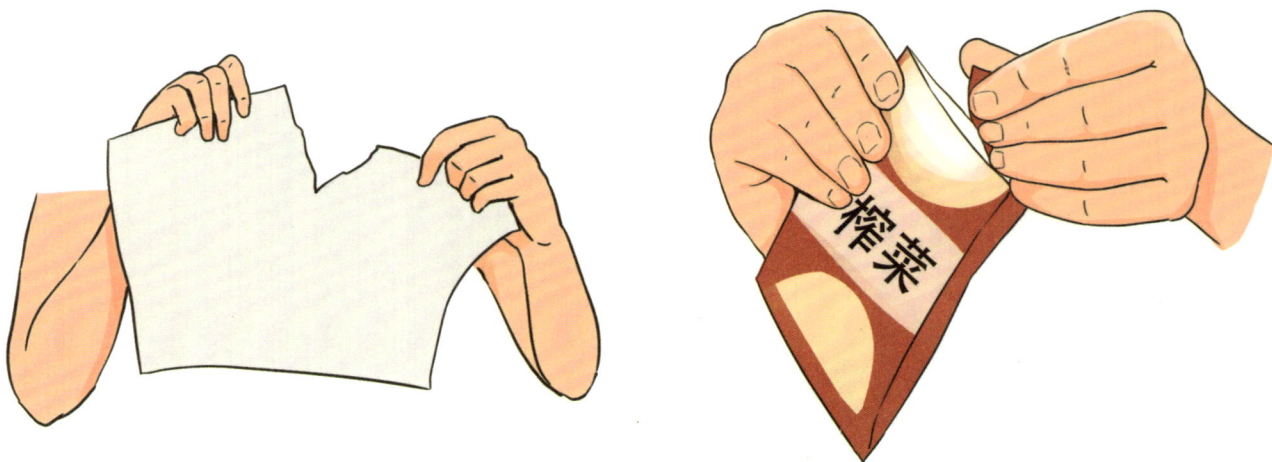

学一学

动作要求：双手捏（小或薄）或抓握（大或厚）物体，一手不动，另一手将其用力拉扯开，或双手朝相反方向将其拉扯开。

练一练

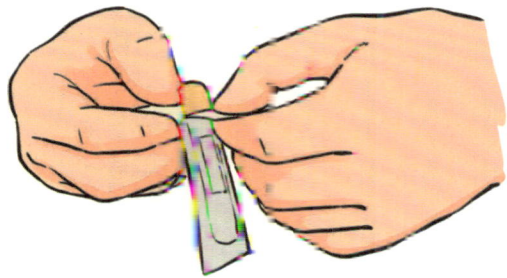

打开包装袋

撕开封口贴

作 业

想一想，家里还有哪些物品，你可以用今天学习的动作完成呢？回家后找找看，试一试，你一定行的！

第 18 课　挖舀

学一学

动作要求：五指紧握勺柄，将勺子头部伸入物体中，然后旋转手腕，挖起物体，至勺子处于水平位置。

练一练

盛米饭

舀汤

✏ 作 业

想一想，家里还有哪些物品，你可以用今天学习的动作完成呢？回家后找找看，试一试，你一定行的！

第七单元

居家操作

第 19 课 裁剪

动作要求：手臂伸直，剪刀头朝前放置，大拇指伸入指圈，食指和中指并拢伸入另外一个指圈，无名指和小拇指并拢靠紧指圈，大拇指与其余四指同时做上下开合动作。

练一练

剪纸

剪花枝

作　业

想一想，家里还有哪些物品，你可以用今天学习的动作完成呢？回家后找找看，试一试，你一定行的！

第 20 课 写画

看一看

学一学

动作要求：手肘自然弯曲，小臂和手掌伸直，大拇指和食指捏着笔杆，中指在下面托着，无名指和小拇指紧靠中指，笔杆躺在虎口处。

练一练

用钢笔写字　　　　　　　　用蜡笔涂色

作　业

想一想，家里还有哪些物品，你可以用今天学习的动作完成呢？回家后找找看，试一试，你一定行的！

上海市盲童学校

视障儿童康复教育教学资源

心理康复

徐洪妹　主编

顾凌筱　编著

上海教育出版社
SHANGHAI EDUCATIONAL
PUBLISHING HOUSE

图书在版编目（CIP）数据

视障儿童康复教育教学资源. 心理康复 / 顾凌筱编
著. —上海：上海教育出版社，2022.12
ISBN 978-7-5720-1810-7

Ⅰ.①视… Ⅱ.①顾… Ⅲ.①视觉障碍－儿童教育－
特殊教育－教学参考资料 Ⅳ.①G761

中国版本图书馆CIP数据核字(2022)第242421号

责任编辑　李　祥　徐青莲　沈明玥
封面设计　蒋　妤

视障儿童康复教育教学资源　心理康复
徐洪妹　主编
顾凌筱　编著

出版发行　上海教育出版社有限公司
官　　网　www.seph.com.cn
地　　址　上海市闵行区号景路159弄C座
邮　　编　201101
印　　刷　苏州工业园区美柯乐制版印务有限责任公司
开　　本　890×1240　1/16　印张 49.5（全11册）
字　　数　435 千字（全11册）
版　　次　2023年7月第1版
印　　次　2023年7月第1次印刷
书　　号　ISBN 978-7-5720-1810-7/G·1652
定　　价　350.00 元（全11册）

如发现质量问题，读者可向本社调换　电话：021-64373213

前　言

　　上海市盲童学校始创于 1912 年，是上海市唯一一所为视障儿童提供教育和服务的特殊教育公立学校。目前，我校形成了涵盖学前、小学、初中、高中及中职各学段，包含盲、低视力、多重障碍三大类型的高等教育以下完整视障教育体系。百余年间，我校勇于探索，在学科教学、德育、艺术和体育教育等方面取得了卓越成就，探索出了一套完整的课程体系。

　　近年来，视障儿童的障碍类型呈现多样化、复杂化的趋势，且障碍程度愈加严重，视障兼有其他障碍的儿童数量越来越多。而传统的教育教学体系难以使视障儿童的发展达到最佳程度，无法满足视障儿童全面融入社会的要求。因此，在新时期党和国家要求建设高质量特殊教育体系的背景下，我校自 2010 年起开始了新的探索和实践，整合教育、心理、医学、康复等专业资源，构建教育与康复相结合的视障教育体系。同时，"视障儿童教育、康复与保健相结合的实践研究"被立项为上海市市级重点课题。在课题引领下，我们拓展了康复的内涵，将保健融合其中，形成了视障儿童个性化教育与康复的实践模式。这一模式最大程度地满足了视障儿童个性化、差异性的教育与康复需求，促进了视障儿童的最优发展，提高了视障儿童的生命质量。

　　我校的"视障儿童个性化教育康复实践模式的研究"项目荣获 2017 年上海市教学成果奖特等奖和 2018 年基础教育国家级教学成果奖二等奖。《视障儿童个性化教育与康复的实践研究》《视障儿童康复教育教学资源》就是该项目的成果荟萃。这两套书是上海市盲童学校

历时十余年教育实践成果的高度凝练，体现的是我校对视障儿童发展的高度关心，对视障教育内涵的深度拓展，对自身教育使命的深刻认知。《视障儿童个性化教育与康复的实践研究》一书从研究与创新、案例与实践两个维度展开，全面展示了视障儿童个性化教育与康复的实践经验；《视障儿童康复教育教学资源》则是十一个领域教学内容和教学资源的精彩展示。

《视障儿童康复教育教学资源》共十一册，分别为：视觉功能训练、定向行走训练、运动康复、感觉统合、认知发展、言语与语言训练、作业治疗、心理康复、社会适应、职业康复和保健。该套教学资源从视障儿童身心特点出发进行编写，各分册既相互独立，又相互关联。每册教学资源根据"单元—课文—训练"的体例进行编写，主题鲜明，要点突出，内容丰富，具有很强的教学指导性。同时，该套教学资源图文并茂，条理清晰，适合视障儿童使用。

这两套书的出版，聚十余年之力，集众人之心血。一路走来，风雨兼程，薪火相传，展现了我校所有师生为之努力奋斗的精神力量，这种精神源于我们为视障儿童"点亮心灯"的不懈努力。"路漫漫其修远兮"，我们将不忘从事特殊教育的初心，秉承老一辈视障教育工作者的优良传统，以为视障儿童提供优质教育为己任，继往开来，不断前行。

编者

2023 年 4 月

目 录

第一单元

认识与观念

第1课　做个明辨是非的孩子

📖 身边的故事

　　林林为同学讲解数学题，老师表扬他是助人为乐的好孩子。

　　方方也想帮助别人，便把自己的作业本"借"给了同学，却受到老师的批评。方方想不明白，自己错在哪儿？

　　原来，很多事情都有是非对错之分，因此我们在行动之前，一定要想清楚这样做是否正确。

探索活动

　　在行动之前，如果遇到无法判断的事情，该怎么办呢？

1. 请教家长和老师。

2. 询问同学和伙伴。

同时，在行动之前也需要思考一下，如果这样做，会有什么结果。

💡 思考与行动

你认为下面这些同学的行为正确吗？说说你的理由。

1. 下课后，平平去操场上锻炼，他的好朋友丽丽从他的书包里拿出一本课外书来看。

2. 乐乐在倒垃圾时，不小心将一张废纸掉在了路上，他心想："不管它，会有别人来扫的。"

3. 学校组织"爱心义卖"活动，同学们都捐出自己的玩具，献出自己的一份爱心。

4. 小刚既活泼又淘气，常常根据同学的特点给他人起外号。

第 2 课　丰富多彩的生活

📖 身边的故事

林林最近总是抱怨：生活真无聊，除了上学就是待在家里，真没劲。

方方却不这么想，她觉得无论是在学校还是在家里，生活都是多姿多彩的。

同学们，我们一起来寻找生活的丰富多彩之处吧！

🔍 探索活动

在学校里，我们可以做哪些事情？

上课

吃饭

体育锻炼

和好朋友分享秘密

做值日

课外活动

一天的校园生活原来发生了这么多事情。只要我们善于观察，善于捕捉，平淡的生活也是很精彩的！

思考与行动

想一想，你是怎么度过假期或周末的？介绍你一天的假期生活吧！

第3课 用我的方式探索世界

身边的故事

方方喜欢看《十万个为什么》,她常说:"世界真奇妙,我长大了要做科学家,探索这个神奇的世界。"

林林却不以为然:"反正我也看不见这个世界的样子,探索世界有什么用?"

我们真的无法感受这个世界的奇妙吗?同学们,和林林一起想办法,用我们的方式探索世界吧!

🔍 探索活动

探索世界的方式有哪些？

1. 用我的方式看世界。

2. 用我的方式听世界。

3. 用我的方式触摸世界。

4. 用我的方式感受世界。

同学们，可别小看了自己的力量哦！只要愿意动脑筋，我们就能找到探索世界的方法。

奇妙的世界正敞开门等着我们呢，你准备好了吗？

💡 思考与行动

选择一个你感兴趣的内容，用自己的方式进行探索学习，然后和小伙伴分享探索过程和学习心得吧

第4课　理想搜索

📖 身边的故事

今天，林林问了方方一个问题，可把方方难住了。

"方方，你的理想是什么？"

"哎呀，这个问题，我还没想过呢……"

同学们，你想过这个问题吗？你的理想是什么？如果你还没想过，那就让我们先来进行一次理想搜索吧！

探索活动

我们可以向哪些人了解他们的理想？

1. 采访一下你的同学，了解他们的理想是什么。

2. 问问爸爸妈妈或其他长辈，了解他们小时候有什么理想。

3. 请教一下你的老师，了解他小时候的理想是什么。

4. 搜索一下，了解你的偶像或名人小时候的理想又是什么。

5. 将你收集到的信息填入下面梦想清单中。

梦想清单

被了解的对象	姓名	他的梦想
我的同学		
我的家人		
我的老师		
我的偶像		

经过一番搜索，你受到了什么启发呢？

思考与行动

向好朋友或长辈说说你的理想，听听他们的建议。

第5课　我的千万种可能

📖 身边的故事

课间，同学们都在讨论长大了要做什么，方方却一言不发。林林问她怎么了，方方说出了心里话："我奶奶说，我们盲人就不要想太多了，将来什么也做不了。"

林林听了，心里也很不是滋味，不禁自问：我们将来能做什么呢？

🔍 探索活动

盲人能做什么呢？我们一起去探寻他们的故事吧。

运动员

歌唱家

教师

播音员

调音师

推拿师

……

和同学进行一次头脑风暴，互相说说我们未来的各种可能。

思考与行动

1. 请为你的朋友填写下面的纸条，然后交到他的手中。

在我心目中，你的优点有：_____

_____

我觉得你可能成为：_____

_____

2. 仔细阅读收到的纸条，你受到了什么启发？

第二单元

情绪与情感

第6课 认识情绪

📖 身边的故事

早晨，方方高高兴兴地来到学校，一路上和林林有说有笑。可是到了中午的时候，方方变得沉默了，林林找她出去玩，她却没好气地说："没见我不开心啊，让我一个人待一会儿。"林林纳闷了，为什么人的心情变得这么快呀？

🔍 探索活动

1. 你认识表情符号吗？下面这些表情符号分别代表什么情绪？

2. 当我们身边的人有情绪时，他们会是什么样的？

（1）高兴时：

（2）生气时：

（3）悲伤时：

（4）害怕时：

💡 **思考与行动**

　　人的情绪有很多种，每一种情绪都会有不同的表现。在接下来一周的时间里，观察并记录一下自己与某位朋友的情绪表现。

第7课　生气的时候

📖 身边的故事

　　方方今天很生气，因为她最喜欢的一本书找不到了，而为了找这本书，她又错过了自己最喜欢的电视节目直播。

　　她把书包扔在地板上，妈妈叫她吃饭，她也不理。饭桌上，她把汤撒得到处都是，还冲着爸爸大喊大叫……

　　同学们，你也有生气的时候吗？你生气时会像方方这样吗？

🔍 探索活动

心情不好的时候，该怎样做才不会伤害到自己和身边的人呢?

1. 直接表达自己的心情，希望他人理解。

我现在心情不好，因为……

2. 把愤怒的坏情绪适当宣泄出来。

3. 一个人待一会儿，冷静一下。

　　每个人都会有心情不好的时候，学会正确表达，适当处理，坏情绪很快就会过去的。

思考与行动

　　当你生气的时候，你有哪些好办法让自己的心情好起来？和同学交流一下。

第 8 课 感受亲情

身边的故事

方方穿了妈妈织的新毛衣来上学，林林很羡慕："方方你真幸福，有一个好妈妈！我妈妈就没那么好，她不会织毛衣。"

方方也羡慕地说："可是你妈妈会辅导你做功课，我妈妈就不会。我还羡慕你有一个好妈妈呢！"

你知道吗？在你羡慕别人拥有的亲情时，说不定别人也在羡慕你呢！

🔍 探索活动

回想一下，我们的家人为我们做过什么？

1. 养育我们，守护我们的健康和安全。

2. 耐心教导我们，送我们上学学本领。

3. 陪伴我们，让我们尽情玩耍。

思考与行动

　　家人为我们付出的实在是太多了，拥有这么可爱的家人，你想对他们说些什么呢？写下来。

第9课 好朋友征集令

📖 身边的故事

老师说:"今天的班会课我们要重新调整座位。"同学们立即议论起来,方方说:"我希望老师为我安排的同桌是我理想中的好朋友。"

同学们,你理想中的好朋友是什么样子的?

探索活动

你对好朋友的要求是什么？

1. 学习上，我希望他 / 她＿＿＿＿＿＿＿＿＿＿＿＿＿＿＿＿。

2. 课外时间，我希望他 / 她＿＿＿＿＿＿＿＿＿＿＿＿＿＿。

3. 当我遇到烦恼时，我希望他／她_____。

4. 当我们发生争执时，我希望他／她_____。

💡 思考与行动

好朋友征集令完成了，你找到理想中的好朋友了吗？

按照所填的要求去对待身边的伙伴吧，你将会成为受欢迎的人，收获友情。

第 10 课 男生女生

📖 身边的故事

林林向方方借了一本书，却忘记按时归还了。为此，方方开始生闷气，不愿跟林林说话。林林怎么也想不出原因："真搞不懂你们女生是怎么想的！" 方方也感到委屈："哼，也真搞不懂你们男生是怎么想的！"

同学们，你认为男生和女生到底有什么不一样呢？

🔍 探索活动

男生和女生有很多不同之处。

1. 不一样的外表。

男生：_____

女生：_____

2. 不一样的做事习惯。

男生：_____

女生：_____

3. 不一样的爱好。

男生：_____

女生：_____

4. 不一样的声音。

男生：_____

女生：_____

男生和女生有很多不一样的地方，但只要我们互相理解，互相尊重，也能成为好朋友！

💡 思考与行动

你认为男生和女生还有哪些不同之处？男生和女生怎样才能成为好朋友？

第三单元

意志力

第 11 课　挫折是位好老师

身边的故事

林林这几天因为没有被选上班长，总是垂头丧气的。他觉得自己明明努力了，但距离优秀差了一大截，很是灰心，上课也无法集中精力了。方方鼓励他："遇到挫折没那么可怕，挫折可是位好老师哦！"

如果挫折是位好老师，我们能从挫折中学到什么呢？

探索活动

面对挫折，我们该怎么办？

1. 遭遇挫折，敢于面对。

2. 分析挫折产生的原因，更加了解自己。

3. 改正缺点和不足，变得更加优秀。

4. 积累经验，收获成功和自信。

请记住，挫折是财富，挫折是位好老师。

💡 思考与行动

如果考试成绩没有达到自己的预期，或者比赛失利了，你该如何看待这些挫折？

第12课　卸下你的"包袱"

📖 身边的故事

林林这几天总是唉声叹气，方方问他怎么了，他难过地说："下周要期中考试了，妈妈希望我这次成绩能达到优。虽然我已经很努力学习了，但还是担心会让妈妈失望。我觉得压力好大，就像背了一个大包袱。"

同学们，你也有背"包袱"的时候吗？

感到有压力是正常的，它能促使我们努力达到目标。但是，压力太大，就会影响我们正常发挥，因此我们要学会卸下"包袱"。

探索活动

如何卸下压力这个"大包袱"？

1. 学会倾诉。

2. 学会放松。

3. 合理安排学习。

4. 激励自己，相信自己。

让我们卸下心里多余的"包袱"，更轻松地朝目标迈进吧。

💡 思考与行动

如果感觉压力过大，你该如何卸下这个"大包袱"？

第 13 课　苦与乐

📖 身边的故事

老师曾问大家："学习是苦的还是乐的？"林林认为学习很苦，方方则认为学习也有乐。

同学们，你赞同谁的观点呢？

探索活动

无论是学习还是生活，都是有苦也有乐的。

1. 作业中有"苦"与"乐"。

2. 运动时有"苦"与"乐"。

3. 兴趣爱好中有"苦"与"乐"。

　　我们遇到困难时，感到苦，但我们也要想办法战胜困难，体验成功的快乐。

💡 思考与行动

　　生活与学习中还有哪些苦与乐？你是如何面对的？举一个让自己印象深刻的例子。

第14课　增强你的"免疫力"

📖 身边的故事

　　自习课上，林林总是忍不住要"关心"操场上同学踢球的情况。方方劝他专心写作业，林林却表示，作业等到晚上回家再写也不迟。可是放学回到家，他面对作业本的时候，又被客厅里的电视节目吸引住了。

　　在生活中，你也有管不住自己的时候吗？

🔍 探索活动

在"小猫钓鱼"的故事中，一开始小猫因为管不住自己，三心二意，结果一条鱼也没钓到。后来小猫增强了"免疫力"，抵制住了各种诱惑，成功钓到了鱼。

小猫是如何增强"免疫力"的呢？

第一步：找准目标。

今天我要钓到大鱼。

第二步：集中注意。

蜻蜓、蝴蝶我都不捉，我要专心钓鱼。

第三步：夸夸自己。

我能管好自己，我成功了！

小猫的成功经历给我们带来了什么启发呢？

💡 **思考与行动**

我们一起来增强自己的"免疫力"，努力实现目标吧！

管不住自己的时候	我的做法	效果

第 15 课　坚持的力量

📖 身边的故事

林林和方方今天进行了一场比赛——"举手活动"。比赛开始没多久，林林觉得手臂又酸又累，很快就败下阵来。方方也感到很累，但是她告诉自己不要轻易放弃，再坚持一会儿。最后方方取得了比赛的胜利。

同学们，你发现方方获胜的秘诀了吗？

🔍 探索活动

有了目标，我们要朝着目标不懈努力，这样我们就会有所收获！

1. 帮助我们到达终点，取得成功。

2. 收获惊喜。

思考与行动

　　坚持这个秘诀很好用，不信你也试试。看自己能坚持举手多长时间。

　　我的成绩是：＿＿＿＿＿＿＿＿＿＿＿＿＿＿＿＿＿＿

　　想取得更好的成绩吗？再试一次吧。

　　第二次成绩是：＿＿＿＿＿＿＿＿＿＿＿＿＿＿＿＿＿

　　坚持，既能帮助我们在举手活动中取胜，还能帮我们很多忙呢！

第四单元

个性

第 16 课 欢乐时光

📖 身边的故事

　　今天是春游的日子，方方却因为生病不能参加，她很失落。放学后，同学们来看方方，不仅带来很多好吃的，还给方方讲春游的趣事。方方很感动，她觉得和小伙伴们在一起真开心。

　　和小伙伴在一起，总是很快乐，一起来分享你和小伙伴的欢乐时光吧！

探索活动

和伙伴们在一起能做很多事。

1. 一起探讨学习。

2. 分享快乐和祝福。

3．共同发展兴趣爱好。

4．团结协作。

5. 互相帮助。

和伙伴们在一起的故事永远也讲不完，别忘了告诉你的小伙伴们，你喜欢和他们在一起。

💡 思考与行动

和小伙伴们在一起会让我们很快乐，要珍惜大家在一起的美好时光。

第17课　可以独立完成的事

📖 身边的故事

　　方方的鞋带开了，她请老师帮忙系上，却被林林笑话："你都几岁了，还不会系鞋带？"方方不服气："这有什么，这些事都是妈妈帮我做的。"

　　老师没有立即帮方方系鞋带，而是请林林教方方怎么系。方方很聪明，很快就学会了："原来这么简单，以后我可以自己系鞋带啦！"

　　我们在一天天长大，本领越来越强，可以独立完成的事也越来越多。

探索活动

我们可以独立完成很多事情。

1. 我能独立学习。

2. 我能自己照顾好自己。

3. 我能独立劳动。

4. 我能独立行走出行。

💡 **思考与行动**

我们可以做的事越来越多，现在开始锻炼自己，让自己能够独立完成它们吧！

第18课 我能行

📖 身边的故事

学校合唱队招募新成员，林林觉得方方的声音很好听，建议她去报名。方方却说："我不行，算了，还是不要去丢人了。"

同学们，你有过方方这样的经历吗？总是对自己没有信心，觉得自己不行。

🔍 探索活动

问问自己、朋友和师长，发现自己的优势，写下来。

这些优势都是你的"财富"，可以帮助你走向成功。

💡 思考与行动

缺乏自信的时候不要灰心，告诉自己"我能行"，并行动起来。

第 19 课　我错了，对不起

📖 身边的故事

方方的手工折纸作品掉到地板上，林林走进教室时不小心把它踩坏了。方方很伤心，责怪林林不当心。林林却坚持说："我又看不见地上有什么，怪你自己没有把东西收好。"

同学们，你认为这件事谁对谁错？

我们每个人都难免会犯错，发现自己做错了，主动承认错误，也是有责任心的表现哦！

🔍 探索活动

我们在学习和生活中如果犯了错，该怎么办？

1. 作业做错了，及时订正，能帮助自己在学习上不断进步。

2. 运动中发现动作错了，及时纠正过来，不但能提高运动效果，还能保护自身安全。

3. 朋友之间主动承认错误，握手言和，能增进友谊。

4. 主动承认错误，承担责任，会让你在集体中更受欢迎。

5. 主动承认错误，也是有礼貌的表现。

从今天开始，做一个敢于承认错误、有担当、有礼貌的好孩子吧！

💡 **思考与行动**

如果发现自己做错了事，你该怎么办？

上海市盲童学校

视障儿童康复教育教学资源

社会适应

徐洪妹　主编

耿　文
金乃嘉　编著

上海教育出版社
SHANGHAI EDUCATIONAL
PUBLISHING HOUSE

图书在版编目（CIP）数据

视障儿童康复教育教学资源.社会适应/耿文，金乃嘉编著.—上海：上海教育出版社，2022.12
ISBN 978-7-5720-1810-7

Ⅰ.①视… Ⅱ.①耿…②金… Ⅲ.①视觉障碍－儿童教育－特殊教育－教学参考资料 Ⅳ.①G761

中国版本图书馆CIP数据核字(2022)第242422号

责任编辑　李　祥　徐青莲　沈明玥
封面设计　蒋　妤

视障儿童康复教育教学资源　社会适应
徐洪妹　主编
耿　文　金乃嘉　编著

出版发行　上海教育出版社有限公司
官　　网　www.seph.com.cn
地　　址　上海市闵行区号景路159弄C座
邮　　编　201101
印　　刷　苏州工业园区美柯乐制版印务有限责任公司
开　　本　890×1240　1/16　印张 49.5（全11册）
字　　数　435 千字（全11册）
版　　次　2023年7月第1版
印　　次　2023年7月第1次印刷
书　　号　ISBN 978-7-5720-1810-7/G·1652
定　　价　350.00 元（全11册）

如发现质量问题，读者可向本社调换　电话：021-64373213

前　言

　　上海市盲童学校始创于 1912 年，是上海市唯一一所为视障儿童提供教育和服务的特殊教育公立学校。目前，我校形成了涵盖学前、小学、初中、高中及中职各学段，包含盲、低视力、多重障碍三大类型的高等教育以下完整视障教育体系。百余年间，我校勇于探索，在学科教学、德育、艺术和体育教育等方面取得了卓越成就，探索出了一套完整的课程体系。

　　近年来，视障儿童的障碍类型呈现多样化、复杂化的趋势，且障碍程度愈加严重，视障兼有其他障碍的儿童数量越来越多。而传统的教育教学体系难以使视障儿童的发展达到最佳程度，无法满足视障儿童全面融入社会的要求。因此，在新时期党和国家要求建设高质量特殊教育体系的背景下，我校自 2010 年起开始了新的探索和实践，整合教育、心理、医学、康复等专业资源，构建教育与康复相结合的视障教育体系。同时，"视障儿童教育、康复与保健相结合的实践研究"被立项为上海市市级重点课题。在课题引领下，我们拓展了康复的内涵，将保健融合其中，形成了视障儿童个性化教育与康复的实践模式。这一模式最大程度地满足了视障儿童个性化、差异性的教育与康复需求，促进了视障儿童的最优发展，提高了视障儿童的生命质量。

　　我校的"视障儿童个性化教育康复实践模式的研究"项目荣获 2017 年上海市教学成果奖特等奖和 2018 年基础教育国家级教学成果奖二等奖。《视障儿童个性化教育与康复的实践研究》《视障儿童康复教育教学资源》就是该项目的成果荟萃。这两套书是上海市盲童学校

历时十余年教育实践成果的高度凝练，体现的是我校对视障儿童发展的高度关心，对视障教育内涵的深度拓展，对自身教育使命的深刻认知。《视障儿童个性化教育与康复的实践研究》一书从研究与创新、案例与实践两个维度展开，全面展示了视障儿童个性化教育与康复的实践经验；《视障儿童康复教育教学资源》则是十一个领域教学内容和教学资源的精彩展示。

《视障儿童康复教育教学资源》共十一册，分别为：视觉功能训练、定向行走训练、运动康复、感觉统合、认知发展、言语与语言训练、作业治疗、心理康复、社会适应、职业康复和保健。该套教学资源从视障儿童身心特点出发进行编写，各分册既相互独立，又相互关联。每册教学资源根据"单元—课文—训练"的体例进行编写，主题鲜明，要点突出，内容丰富，具有很强的教学指导性。同时，该套教学资源图文并茂，条理清晰，适合视障儿童使用。

这两套书的出版，聚十余年之力，集众人之心血。一路走来，风雨兼程，薪火相传，展现了我校所有师生为之努力奋斗的精神力量，这种精神源于我们为视障儿童"点亮心灯"的不懈努力。"路漫漫其修远兮"，我们将不忘从事特殊教育的初心，秉承老一辈视障教育工作者的优良传统，以为视障儿童提供优质教育为己任，继往开来，不断前行。

编者

2023 年 4 月

目　录

引 言

嗨，大家好！

我叫明明，今年 7 岁，读一年级了。我是一个低视力的小朋友。

接下来，和我一起来看看我的生活。

跟我一起走吧！

第一单元

环境

第1课 我家在哪里

大家好！
今天，我带你们去我的家。

我家在四平路上。

我家所在小区的门牌号是四平路 372 弄。

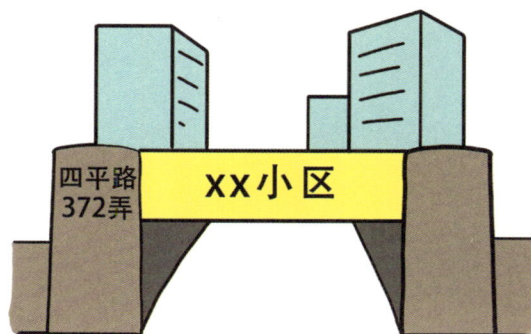

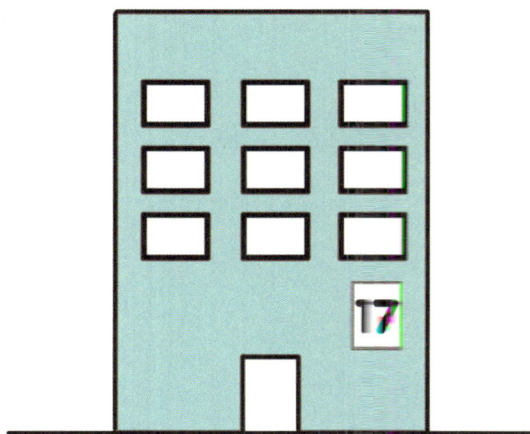

我家的楼号是 17 号。

我家的门牌号是 102 室。

我家的地址是

四平路 372 弄 17 号 102 室。

练一练

你家在哪儿呢？

我家在_____路_____弄_____号_____室。

3

第 2 课 这是我的家

既然来到了我的家，那就进来看看吧！

这是卧室，是睡觉的地方。

这是餐厅，是吃饭的地方。

这是客厅，是休息、娱乐、招待客人的地方。

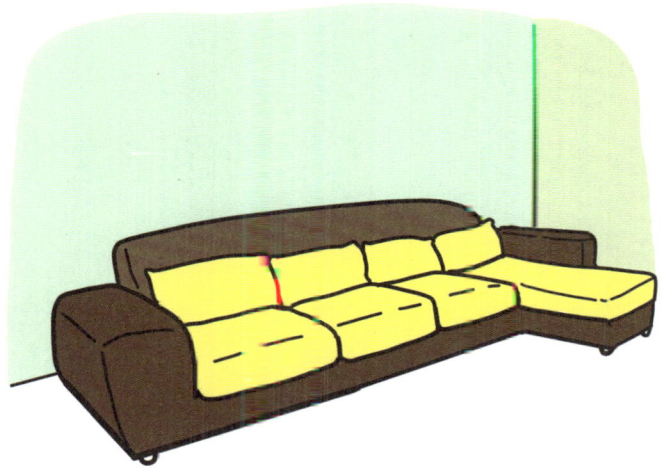

这是卫生间，是上厕所和洗澡的地方。

这是厨房，是做饭的地方。

5

练一练

请把房间和它的功能连起来。

卧室

餐厅

客厅

卫生间

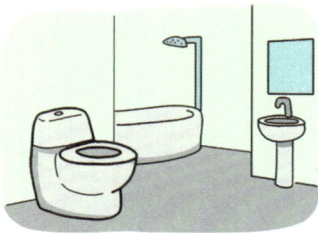

厨房

烧菜

洗澡

吃饭

招待客人

睡觉

第 3 课　我要去学校

我要上学了，去我的学校看看吧！

我的学校是

上海市盲童学校，

地址是虹桥路 1850 号。

Line 10

我乘坐地铁十号线去学校。

起始站　　　　　　　终点站

邮电新村　　➡　　水城路

乘坐地铁的时候，我要带好乘车证（上海市盲人公共交通证），从无障碍通道进站和出站。

到"水城路"站后，我从3号出口出站。

出站后，左转走大约200米就到学校了。

👣 练一练

你是怎么去学校的呢？

我的学校是：＿＿＿＿＿＿＿＿＿＿＿＿＿＿＿＿

我的学校在：＿＿＿＿＿＿＿＿＿＿＿＿＿＿＿＿

我乘坐＿＿＿＿＿＿＿＿＿＿＿＿＿去学校。

第 4 课　我的学校

今天，请你们跟着我来参观我的学校。

这是学校的教学楼。

这是教室，我每天在这里上课。

9

图书馆

这是图书馆，我可以在这里借阅书籍。

这是餐厅，我每天在这里吃饭。

餐厅

宿舍楼

这是宿舍楼，我每天晚上在这里睡觉。

学校还有一些方便视障学生生活的特殊设施。

这是盲道，走在上面我就能安全到达想去的地方。

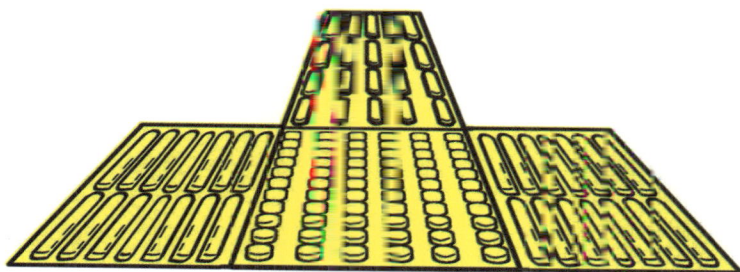

这是无障碍通道，走在上面我就不怕台阶了。

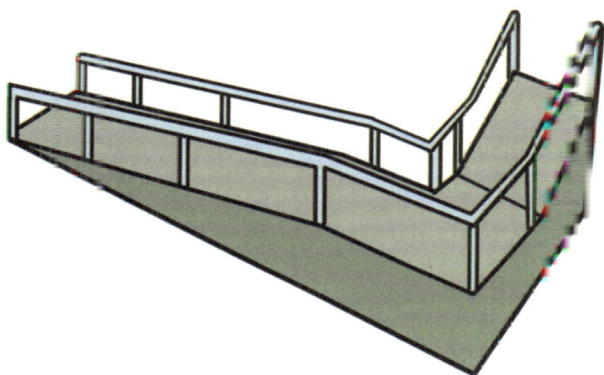

无障碍通道

这是大字门牌，有了它我就看得更清楚了。

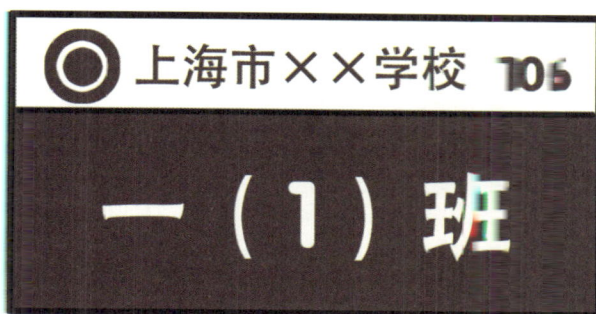

◎ 上海市××学校 105

一（1）班

想一想

找一找你的学校里有什么呢？

第 5 课 我要回家

放学了，我要回家啦！

Line 10

和来学校的时候一样，我乘坐地铁十号线回家。

1 出口
EXIT

到了"邮电新村"站，我从 1 号口出站。

出站后，我向右一直走。

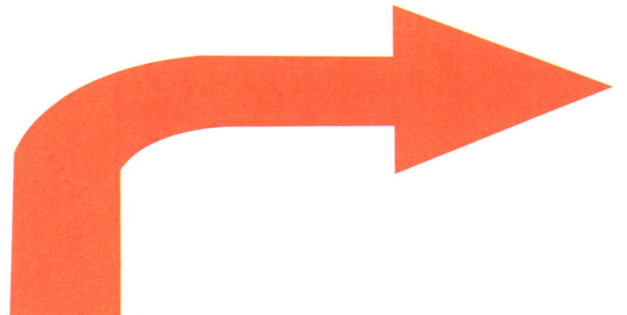

走 5 分钟左右，我会看到一个便利店。

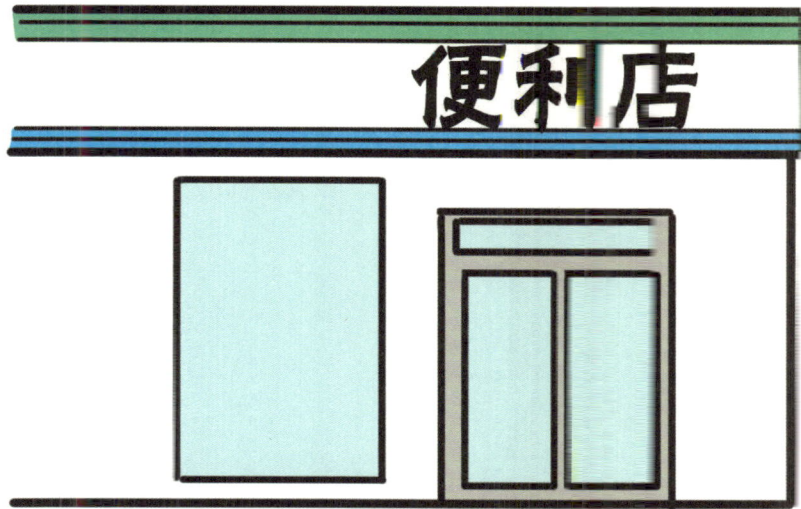

小区到了！

四平路
372弄

XX小区

住在一楼的阿姨养了一只小狗，我每次经过，它都"汪汪汪"地叫。

我到家啦！

练一练

你是怎样从学校回到家的呢？

我乘坐_____到_____站，往_____（方向）走_____米，见到_____，听到_____，闻到_____，就到家啦！

第二单元

人际

第6课　我的家人

今天，我带大家来见见我的家人。

他们是我的爸爸和妈妈，爸爸是工程师，妈妈是小学教师。

他们是我的爷爷和奶奶，他们都退休了。

他们是我的外公和外婆，他们也都退休了。

那么，你知道他们之间是什么关系吗？

读一读

家族歌

爸爸的爸爸叫什么？

爸爸的爸爸叫爷爷。

爸爸的妈妈叫什么？

爸爸的妈妈叫奶奶。

爸爸的哥哥叫什么？

爸爸的哥哥叫伯伯。

爸爸的弟弟叫什么？

爸爸的弟弟叫叔叔。

爸爸的姐妹叫什么？

爸爸的姐妹叫姑姑。

妈妈的爸爸叫什么？

妈妈的爸爸叫外公。

妈妈的妈妈叫什么？

妈妈的妈妈叫外婆。

妈妈的兄弟叫什么？

妈妈的兄弟叫舅舅。

妈妈的姐妹叫什么？

妈妈的姐妹叫阿姨。

想一想

你家里有哪些家人呢？

第 7 课　我在家里有礼貌

爸爸妈妈说我是一个有礼貌的好孩子。那么，我在家里是怎么做的呢？

早上起床，我和家人说早安。

爸爸，早上好！

妈妈，早上好！

……

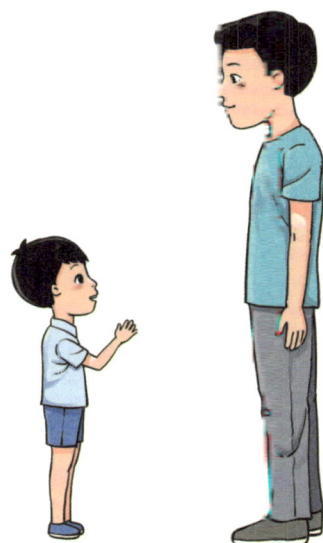

去上学的时候，我和家人说再见。

爸爸，再见！

妈妈，再见！

……

19

放学回家，我和家人打招呼。

爸爸，我回来了！

妈妈，我回来了！

……

要睡觉了，我和家人说晚安。

爸爸，晚安！

妈妈，晚安！

……

家人送我礼物，我对他们说谢谢。

谢谢爸爸！

谢谢妈妈！

……

练一练

你记住这些礼貌用语了吗？一起读一读。

早二好　　　　　　　再见

我回来了

晚安

谢谢

第8课 我在学校有礼貌

老师说我是一个有礼貌的好孩子。那么，我在学校里是怎么做的呢？

见到老师，我立正，敬礼，说"老师好"。

见到同学，我说"你好"。

同学借给我铅笔，我对同学说"谢谢"。

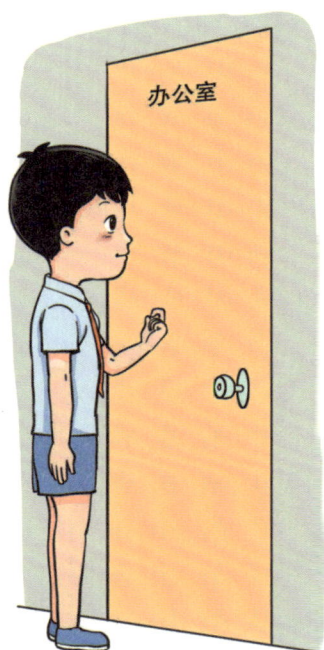

进入办公室的时候，我先敲门，说"报告"，老师同意了，我再进去。

放学了，我和同学、老师说"再见"。

读一读

一起读儿歌吧！

我在学校有礼貌

小学生，上学校，文明礼貌要做到。

看见老师要立正，敬个礼呀问个好。

同学之间要友爱，见到同学说你好。

办公室，静悄悄，进去之前先报告。

放学了，先别跑，说声再见不忘掉。

第 9 课　有人来做客

今天回家，发现家里来客人了。我该怎么做呢？

回家的时候，家里有客人，我与客人打招呼："叔叔好！阿姨好！"

客人坐在沙发上休息，我给客人倒杯水。

吃晚饭了，我等客人们 坐好了一起吃。

大人们在谈话，我在边 上安静地听。

客人要走了，我把客人 送到门口。

想一想

家里来客人时，你会怎么做呢？

第三单元

安全

第 10 课　这些物品很危险

一起来看看我家里的危险物品！

厨房刀具（割伤）

插座（触电）

打火机（烧伤）

热水瓶（烫伤）

梯子（摔伤）　　　　　　消毒液（误饮）

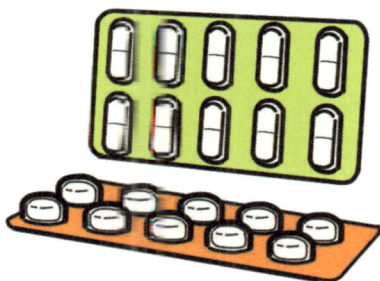

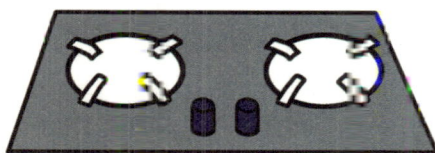

药品（误食）　　　　　　煤气灶（烧伤）

📖 读一读

一起读儿歌吧！

小朋友不可以

玩火玩电，不可以；

玩刀玩剪，不可以；

药品乱吃，不可以；

高处攀爬，不可以；

煤气开关，不可以；

开水乱碰，不可以。

练一练

请把你认为会对自己造成同样伤害的物品用线连起来。

想一想

你家里有哪些危险物品？

第 11 课　警惕陌生人

在学校、家里和公共场所，都可能会碰到一些陌生人。在没有大人陪伴时，碰到陌生人，下面这些事情不能做。

不吃陌生人给的糖果。

31

不喝陌生人给的饮料。

不跟陌生人走。

不给陌生人开门。

不告诉陌生人家里的情况。

读一读

一起读儿歌吧！

陌生人

小孩儿小孩儿快过来，

叔叔想要陪你玩儿。

给你糖果给你钱，

还带你去游乐园。

只要小孩儿跟我走，

把你卖到大山沟。

没了爸爸和妈妈，

没了老师和朋友。

只有一条大狼狗，

又脏又臭朝人吼。

想一想

在遇到陌生人纠缠时，你可以找谁寻求帮助呢？

第 12 课　这些号码很重要

我向大家介绍三个常用的应急电话号码。

火警请拨 **119**

报警请拨 **110**

医疗救护请拨 **120**

读一读

一起读儿歌吧！

这些号码要记牢

小朋友，要知道，熟记号码很重要。

110，报警用，专抓坏蛋一拨通。

119，是火警，发生火灾记心中。

120，需急救，伤残病重它来用。

这些号码要记清，救人救己都能用。

小朋友，要切记，电话不能随意打。

打电话，有责任，随意乱打受处罚。

练一练

请把下面的场景和对应的应急电话号码用线连起来。

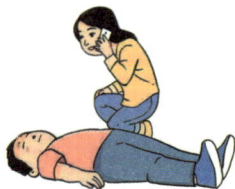

110　　　120　　　119

想一想

拨打这些应急电话号码的时候，你该怎么说呢？

第 13 课 安全过马路

我每次过马路时，都会注意两个重要的交通信号。

交通信号灯

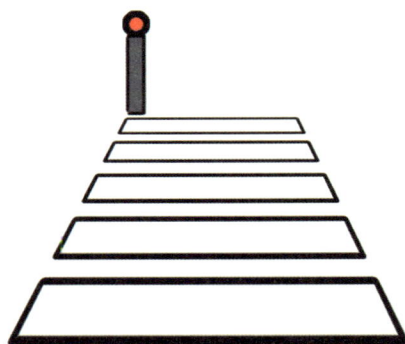

斑马线（人行横道线）

一起来学一学信号灯和斑马线的交通规则。

信号灯

红绿灯，眨眼睛，说给大家听一听：

红眼睛，快停下，不和左右起摩擦；

黄眼睛，眨一眨，告诉大家准备啦；

绿眼睛，向前走，还要注意左右瞅。

斑马线

斑马线，安全线，就是平安保障线；

过街要在线内走，一停二看三通过；

直行通过勿打闹，远离汽车不猛跑。

读一读

一起读儿歌吧！

交通规则要记牢

小朋友，你别跑，站稳脚步把灯瞧。

红灯停，绿灯行，黄灯请你准备好。

过路应走斑马线，横穿马路我不要。

看不到，莫害怕，紧紧拉住妈妈手。

想一想

除了信号灯和斑马线，在马路上行走还要注意什么呢？

第 14 课 这些标志很重要

我向大家介绍四种常见的安全标志。

有电危险

当心落水

不可以靠近，不可以触摸

不可以在水边玩耍

严禁烟火

禁止通行

不可以吸烟，不可以点火

不可以通行

读一读

一起读儿歌吧！

警告标志

警告标志三角形，
黄底黑边黑图案。
大家见它要小心，
各种危险在前面。

禁令标志

禁令标志是圆形，
白底红圈黑图案。
车辆行人要遵守，
确保安全不违反。

练一练

请把下面的安全标志和对应的场所用线连起来。

建筑工地

加油站

高压电箱

河边

有电危险

当心落水

禁止通行

严禁烟火

💭 **想一想**

你认识哪些安全标志？

第四单元

活动

第15课　我爱做家务

我会做很多家务劳动。

擦桌子

扫地

拖地

洗衣服

读一读

一起读儿歌吧！

我爱做家务

大家快来，帮妈妈做家务啦！

桌子脏了，左擦擦右擦擦，湿擦擦干擦擦。

地板脏了，先扫扫后拖拖，湿拖拖干拖拖。

衣服脏了，先泡泡后搓搓，再清清再清清。

锻炼手呀，锻炼脚呀，我来做家务，心情快乐无比！

练一练

请把下面的家务劳动和所用的工具用线连起来。

想一想

你会做哪些家务劳动呢？

第 16 课 我爱"听"世界

我喜欢用收音机和电视机来"听"这个世界。

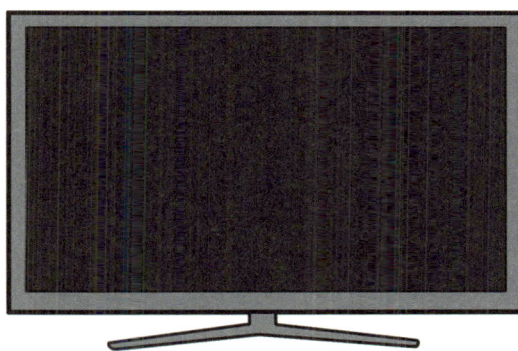

收音机   电视机

一起学一学如何使用收音机和电视机。

1. 收音机的使用方法

（1）放好电池或接通电源，打开开关；

（2）找到选择调频旋钮；

（3）选择要收听的电台；

（4）调节音量旋钮至合适的音量；

（5）收听结束后，关闭开关。

2. 电视机的使用方法

（1）插上电源插头和有线电视插头；

（2）打开电视机开关；

（3）使用电视遥控器找到要看的频道；

（4）使用电视遥控器调节至合适的音量；

（5）"听"完电视后，关闭电视开关。

读一读

一起读儿歌吧！

聆听世界

我看不到世界，

我听得到世界。

我聆听四季交替，

我聆听阳光雨雪，

我聆听知识技能，

我聆听爱与关怀。

我用心聆听世界，

世界就看到了我。

想一想

你还会使用什么设备来聆听世界呢？

第 17 课　我会打电话

我经常用座机和手机来打电话。

座机　　　　手机

不管是座机还是手机，都要先记住键盘的数字排列。

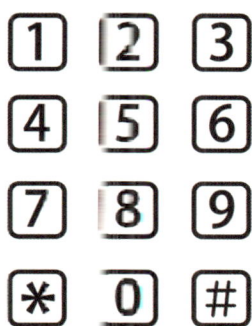

座机键盘

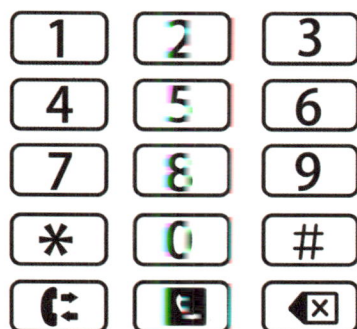

手机键盘

一起学一学如何用座机和手机打电话。

1. 用座机打电话

（1）拿起话筒；

47

（2）听到拨号音后，开始拨对方的电话号码；

（3）电话接通后开始对话；

（4）通话完毕，放回话筒，话筒要放正。

2. 用手机打电话

（1）找到手机键盘，直接拨对方的电话号码，按拨打键；

（2）电话接通后开始对话；

（3）通话完毕，按结束键。

读一读

一起读儿歌吧！

打电话

小朋友，打电话，电话号码要记牢。

爸爸、妈妈、爷爷、奶奶、外公、外婆和老师。

记住两个，最起码；记住三个，好孩子；记住四个，你真棒。

遇问题，打电话；遇困难，打电话；遇危险，打电话。

电话不能随意打，做个会打电话的好孩子。

想一想

用手机给熟悉的人打电话，除了直接拨打号码，你还有什么方法？

第18课 我爱春游和秋游

我最喜欢学校每年组织的春游和秋游啦！

春游、秋游真开心。

春游、秋游时，我们要注意些什么？

1. 外出活动时，要准备什么？

（1）方便出行的鞋子和衣服；

（2）方便携带的食物和水。

2. 外出活动时，要遵守什么？

（1）听从老师安排指挥；

（2）不擅自离开队伍。

3. 外出活动时，万一掉队怎么办？

（1）停在原地，等待老师来寻找；

（2）寻求他人帮助，告诉他们学校地址或老师、家长的联系电话；

（3）找到公用电话，打电话给老师或家人，也可以拨打 110 求助。

读一读

一起读儿歌吧！

守纪律

外出活动守纪律，

不要擅自离队伍。

万一碰到危险事，

各种方法求帮助。

第 19 课　小朋友一起玩

我有许多好朋友，会一起做许多事情。

我们一起做游戏。

我们一起学习知识。

我们一起玩玩具。

我们一起上学和放学。

我们一起聊天。

读一读

一起读儿歌吧！

小朋友一起玩

小朋友，一起玩，

不抢先，不霸道，

不争吵，不打闹，

互相谦让有礼貌，

朋友之间要友好。

想一想

你和好朋友会一起做什么事情呢？

視障儿童康复教育教学资源

视觉功能训练

定向行走

运动康复

感觉统合

认知发展

言语与语言训练

作业治疗

心理康复

社会适应

职业康复

保　健

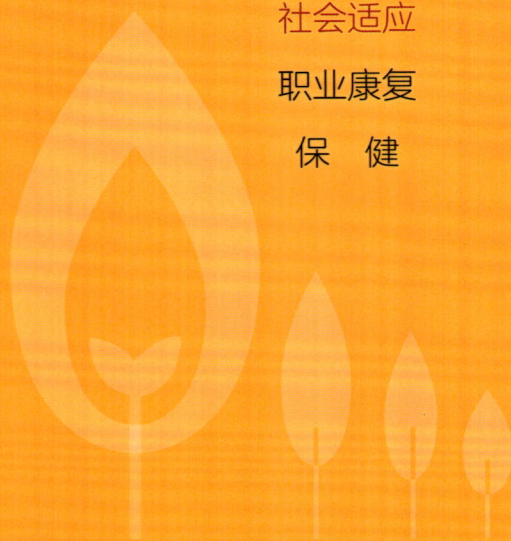

世纪出版

上海市盲童学校

视障儿童康复教育教学资源

职业康复

徐洪妹　主编

陈礼礼　编著

上海教育出版社

SHANGHAI EDUCATIONAL
PUBLISHING HOUSE

图书在版编目（CIP）数据

视障儿童康复教育教学资源. 职业康复 / 陈礼礼编著
. —上海：上海教育出版社，2022.12
ISBN 978-7-5720-1810-7

Ⅰ. ①视… Ⅱ. ①陈… Ⅲ. ①视觉障碍 – 儿童教育 –
特殊教育 – 教学参考资料 Ⅳ. ①G761

中国版本图书馆CIP数据核字(2022)第242322号

责任编辑　李　祥　徐青莲　沈明玥
封面设计　蒋　妤

视障儿童康复教育教学资源　职业康复
徐洪妹　主编
陈礼礼　编著

出版发行　上海教育出版社有限公司
官　　网　www.seph.com.cn
地　　址　上海市闵行区号景路159弄C座
邮　　编　201101
印　　刷　苏州工业园区美柯乐制版印务有限责任公司
开　　本　890×1240　1/16　印张 49.5（全11册）
字　　数　435 千字（全11册）
版　　次　2023年7月第1版
印　　次　2023年7月第1次印刷
书　　号　ISBN 978-7-5720-1810-7/G·1652
定　　价　350.00 元（全11册）

如发现质量问题，读者可向本社调换　电话：021-64373213

前　言

　　上海市盲童学校始创于 1912 年，是上海市唯一一所为视障儿童提供教育和服务的特殊教育公立学校。目前，我校形成了覆盖学前、小学、初中、高中及中职各学段，包含盲、低视力、多重障碍三大类型的高等教育以下完整视障教育体系。百余年间，我校勇于探索，在学科教学、德育、艺术和体育教育等方面取得了卓越成就，探索出了一套完整的课程体系。

　　近年来，视障儿童的障碍类型呈现多样化、复杂化的趋势，且障碍程度愈加严重，视障兼有其他障碍的儿童数量越来越多。而传统的教育教学体系难以使视障儿童的发展达到最佳程度，无法满足视障儿童全面融入社会的要求。因此，在新时期党和国家要求建设高质量特殊教育体系的背景下，我校自 2010 年起开启了新的探索和实践，整合教育、心理、医学、康复等专业资源，构建教育与康复相结合的视障教育体系。同时，"视障儿童教育、康复与保健相结合的实践研究"被立项为上海市市级重点课题。在课题引领下，我们拓展了康复的内涵，将保健融合其中，形成了视障儿童个性化教育与康复的实践模式。这一模式最大程度地满足了视障儿童个性化、差异性的教育与康复需求，促进了视障儿童的最优发展，提高了视障儿童的生命质量。

　　我校的"视障儿童个性化教育康复实践模式的研究"项目荣获 2017 年上海市教学成果奖特等奖和 2018 年基础教育国家级教学成果奖二等奖。《视障儿童个性化教育与康复的实践研究》《视障儿童康复教育教学资源》就是该项目的成果荟萃。这两套书是上海市盲童学校

1

历时十余年教育实践成果的高度凝练，体现的是我校对视障儿童发展的高度关心，对视障教育内涵的深度拓展，对自身教育使命的深刻认知。《视障儿童个性化教育与康复的实践研究》一书从研究与创新、案例与实践两个维度展开，全面展示了视障儿童个性化教育与康复的实践经验；《视障儿童康复教育教学资源》则是十一个领域教学内容和教学资源的精彩展示。

《视障儿童康复教育教学资源》共十一册，分别为：视觉功能训练、定向行走训练、运动康复、感觉统合、认知发展、言语与语言训练、作业治疗、心理康复、社会适应、职业康复和保健。该套教学资源从视障儿童身心特点出发进行编写，各分册既相互独立，又相互关联。每册教学资源根据"单元—课文—训练"的体例进行编写，主题鲜明，要点突出，内容丰富，具有很强的教学指导性。同时，该套教学资源图文并茂，条理清晰，适合视障儿童使用。

这两套书的出版，聚十余年之力，集众人之心血。一路走来，风雨兼程，薪火相传，展现了我校所有师生为之努力奋斗的精神力量，这种精神源于我们为视障儿童"点亮心灯"的不懈努力。"路漫漫其修远兮"，我们将不忘从事特殊教育的初心，秉承老一辈视障教育工作者的优良传统，以为视障儿童提供优质教育为己任，继往开来，不断前行。

编者

2023 年 4 月

目　录

第一单元

职业意识

第1课 认识职业

想一想

职业是参与社会分工，利用专业的知识和技能，为社会创造物质财富和精神财富，获取合理报酬作为物质生活来源，并满足精神需求的工作。

想一想，学生、医生、志愿者、乞丐是职业吗？

大家一起说

成员	从事的职业	职业内容	职业要求
爸爸			
妈妈			

探索活动

做一个职业测试，看看自己适合哪种职业。

一、测试方法

对于下列两组题，你认为"是"的得 1 分，"不是"的得 0 分，然后比较两组的总分。

A 组

1. 在看一本有关谋杀案的小说时，你是否常常能在作者未交代结果之前就知道哪个人物是罪犯？

2. 你是否很少写错别字？

3. 你是否宁可参加音乐会，也不愿待在家里闲聊？

4. 墙上的画挂歪了，你是否想去扶正？

5. 你是否常谈论自己看过或听过的事物？

6. 你是否宁可读一些散文，也不愿看小说？

7. 你是否宁愿少做几件事且一定要做好，也不愿马马虎虎地多做几件事？

8. 你是否喜欢打牌或下棋？

9. 你是否对自己的各项消费预算均有控制？

10. 你知道钟、开关、马达发生效用的原因吗？

B 组

1. 你是否很想改变一下日常生活中的一些惯例，使自己有一些充裕的时间？

2. 闲暇时，你是否喜欢参加一些运动，而不愿意看书？

3. 你是否认为数学不难？

4. 你是否喜欢与比自己年龄小的人在一起交流？

5. 你能列出五个你自认为是你朋友的人吗？

6. 对于你能办到的事情，当别人向你求助时，你是乐于助人，还是怕麻烦？

7. 你是否不喜欢太琐碎的工作？

8. 你是否看书很快？

9. 你相信"小心谨慎，稳扎稳打"是至理名言吗？

10. 你是否喜欢新朋友、新地方和新东西？

二、结果分析

若 A 组分值比 B 组高，表明你是个严谨的人，适合从事具有耐心、谨慎和研究等琐细的工作，诸如医生、律师、科学家、机械师、修理人员、编辑、哲学家、工程师等。

若 B 组分值高于 A 组，表明你是广博的人，最大的长处在于能成功地与人交往，适合从事人事、顾问、运动教练、服务员、演员、广告宣传员、推销员等工作。

若 A、B 两组分值大体相当，表明你不但能处理琐碎细事，也能维持良好的人际关系，适合的工作包括护士、教师、秘书、商人、美容师、图书管理员等。

创意作业

请做一回小记者，采访一下周围熟悉的人，了解他们从事的职业、工作内容、上下班时间、每月获得的薪酬等，并把收集到的资料记录下来。

拓展阅读

世界上最好的工作——澳大利亚守岛人

如果你厌倦了繁忙的都市生活，不如去澳大利亚做一个守岛人吧！

2009 年，昆士兰旅游局发布招聘通告，面向全球 18 个国家和地区高薪聘请一名大堡礁汉密尔顿岛看护员。

看护员工作的主要内容是探索大堡礁各个岛屿，每周通过更新博客和网上相册、上传视频、接受媒体采访等方式，向外界报告自己的探奇历程。看护员还需要喂海龟、观鲸鱼，并担任兼职邮差，这可以让他或她有机会乘坐水上飞机从高空俯瞰大堡礁的美景。另外，还有帆船航行、独木舟、浮潜、潜水、远足等多项活动等待看护员完成。

昆士兰旅游局承诺给看护员提供一套拥有"无敌海

景”的“珍珠小屋”别墅作为居住场所，以及一辆小高尔夫球车作岛上巡视之用。

昆士兰旅游局对申请者的学历并无要求，但要求应聘者喜欢探索和冒险，热爱大自然，喜欢新鲜事物，具备良好的沟通技巧和英语听写能力。更重要的是，要擅长游泳和潜水，并具有一年以上相关工作经验。

当选者不仅可以每日与白沙、碧水、艳阳为伴，还能享受半年 15 万澳元的高薪。

——摘自《新华网》，有改编

第2课　发现我的职业兴趣

读一读

1973年，比尔·盖茨进入哈佛大学学习法律。大学二年级后，他一半的时间在校园里度过，另一半的时间则用于研究软件、谈生意。1977年1月，盖茨决定离开大学，专心经营软件公司。在父母看来，儿子现在所做的一切无异于在学业上的自杀，他们坚决反对盖茨在获得学位证书之前离开大学，因为他们无法预知经营软件公司的可行性。而盖茨却认为个人计算机很有发展前途，只是因为软件方面缺乏统一标准和普及的操作系统，大大影响了个人计算机的推广。因此，计算机软件市场的前景非常广阔，必须抓住这个绝好的机会。

基于对计算机软件发展前景的认识和判断，以及对开发计算机软件的兴趣远远大于在大学里学习法律，盖茨决定全身心地投入到计算机软件开发事业中，并最终取得了辉煌成就。

大家一起说

你觉得比尔·盖茨退学的决定正确吗？说说你的看法。如果你也面临同样的情况，你会怎么选择？

探索活动

每个人都有自己的兴趣爱好，当我们对某个特定的事物特别关注时，就说明我们对这个事物感兴趣，或者说有这方面的兴趣爱好。

一、霍兰德职业兴趣测验

想象你在大海中航行，看到了六个岛屿，它们各有特色。假如只有七天假期，你会选择哪个岛屿？假如要去某个岛屿度过一生，你又会选择哪个岛屿？

A 岛：美丽浪漫的岛屿。岛上充满着浓厚的艺术文化气息，许多文艺界、艺术界的人士都喜欢来这里找寻灵感。

I 岛：深思冥想的岛屿。岛上有多处天文馆、科博馆以及科学图书馆等。岛上居民喜好沉思、追求真知，喜欢和来自各地的哲学家、科学家、心理学家等交换心得。

C 岛：现代、井然的岛屿。岛上建筑十分现代化，是进步的都市形态。岛上居民个性冷静保守，处事有条不紊，善于组织规划。

R 岛：自然原始的岛屿。岛上保留有热带的原始植物，自然生态保护得很好。岛上居民以手工见长，自己种植花果蔬菜，修缮房屋，打造器物，制作工具。

S 岛：温暖友善的岛屿。岛上居民个性温和、十分友善、乐于助人，社区均自成一个密切互动的服务网络，人们互助合作，重视教育，弦歌不辍，充满人文气息。

E 岛：显赫富庶的岛屿。岛上的居民热情豪爽，善于经营企业和进行贸易。来往者多是企业家、经理人、政治家、律师等，鬓影衣香，夜夜笙歌。

二、测评结果

你的两个选择一致吗？六个岛屿代表着六种典型的生涯兴趣类型，看一下你的测评结果吧。

选择 A 岛

类型：艺术型（Artistic）

喜欢的活动：喜欢创造，热爱写作、音乐、艺术和戏剧。

喜欢的职业：作家、音乐家、诗人、漫画家、演员、戏剧导演、作曲家和乐队指挥。

选择 I 岛

类型：研究型（Investigative）

喜欢的活动：擅于处理信息（观点、理论），喜欢探索和理解、研究那些需要分析、思考的抽象问题，喜欢独立工作。

喜欢的职业：生物学家、化学家、物理学家、社会学家、工程设计师和程序设计员。

选择 C 岛

类型：事务型（Conventional）

喜欢的活动：乐于组织和处理数据，喜欢固定的、有秩序的工作或活动，希望确切地知道工作的要求和标准，愿意在一个大的机构中处于从属地位。

喜欢的职业：会计师、银行出纳、行政助理、秘书、档案管理员、税务专家和计算机操作员。

选择 R 岛

类型：实用型（Realistic）

喜欢的活动：愿意从事事务性的工作，喜欢户外活动或操作机器，不喜欢在办公室工作。

喜欢的职业：制造业、渔业、野外生活管理业、技术贸易业、机械业、农业和林业的工作人员，以及特种工程师和军事工作人员。

选择 S 岛

类型：社会型（Social）

喜欢的活动：乐于帮助别人，喜欢与人合作，热情关心他人的幸福，愿意帮助别人解决困难。

喜欢的职业：教师、社会工作者、牧师、心理咨询员、服务行业从业人员。

选择 E 岛

类型：企业型（Enterprising）

喜欢的活动：喜欢领导和影响别人，或为了达到个人或组织的目的而善于说服别人，希望成就一番事业。

喜欢的职业：商业管理人员、律师、政治运动领袖、营销人员、市场或销售经理、公关人员、采购员、投资商、电视制片人和保险代理人员。

📢 **创意作业**

请结合自己的学习兴趣和职业兴趣，制订一份学习计划，并在同学间互相分享。

第3课 就业竞争意识

读一读

　　某市某单位发布了招聘信息，某校就业指导中心老师迅速把此消息发布在校内就业信息网上。班长小刘看到这则招聘信息后，立即告诉了同寝室的小李和小王，同时也将链接发送给了班级同学。小刘第二天便主动联系该公司，表示自己非常符合应聘条件，希望能亲自去公司送简历。小李也积极地用特快专递寄出了自荐材料。而小王对此招聘信息却不以为意，一点也不着急，他竟认为小刘和小李的做法太草率。几天后，小王忽然想起自己也该投简历了，于是便给该公司打电话，人事部负责人告诉他："真对不起，我们的招聘信息在你们学校网

站上发布没多久，就接到了好多优秀毕业生的自荐电话，于是我们紧急安排面试，闻讯而来的毕业生更是一拨接一拨，所以人员已经录满了。"小王后悔不已，让机会就这样在等待中错过了。而主动出击的小刘、小李最终收到了该公司的录用通知书。

大家一起说

在求职过程中，小王为什么会失败？

探索活动

就业市场竞争激烈，在求职择业的过程中，机会对每个人都是均等的，就看你是否具备竞争意识，能够主动出击并及时把握住。

同时，就业市场也是有风险的，难免会遇到挫折。面对就业中的挫折，要有充分的思想准备，把挫折看成是锻炼意志、增强能力的好机会；要认真分析失败的原因，调整自己的心态和就业目标，鼓足勇气，争取新的机会。绝不能因一次失败而灰心丧气，一蹶不振。

就业市场竞争十分激烈，我们应该抱以怎样的心态或如何调整心态，使自己在竞争中立于不败之地？请和同学一起分享你的方法。

创意作业

通过关注学校就业指导中心的就业信息，或与上一届同学以及主管就业工作的老师进行访谈，以及查阅就业信息的主要来源和流量统计数据，加深对就业市场的认识。

第4课　知法　守法　用法

读一读

案例1：小王通过新生入学教育的就业指导课，得知现在的就业市场陷阱重重。因此，计算机专业的他从大一开始就认真学习法律基础课，同时还利用业余时间比较系统地阅读了《中华人民共和国劳动法》（以下简称《劳动法》）、《中华人民共和国劳动合同法》等法律法规，对于劳动就业的规定有了一个大致了解。毕业签约时，单位提出了"试用期8个月，试用期满后签订劳动合同"的要求，小王依据自己掌握的法律知识与单位据理力争，告诉对方《劳动法》规定试用期最长不得超过6个月，试用期必须包含在劳动合同期限内。最

劳动合同

试用期

终，单位按照《劳动法》的规定与其签订了就业协议。

　　案例 2：小张由于契约意识淡薄，在就业时遇到了麻烦。小张先前在某公司实习，实习结束后双方达成了就业录用意向。由于相互之间情况比较了解，而且彼此比较信任，双方仅就就业录用的相关事项进行了口头约定，小张也认为自己工作的事就这么定了。没想到的是，等他毕业后正式到公司报到时，公司以岗位已录满为由拒绝予以录用。由于双方之间没有签订书面的就业协议，孰是孰非，已无法定论，小张只能自吞苦果。

　　案例 3：小吴毕业后顺利进入一家公司上班。工作一段时间后，他发现公司存在无故克扣员工工资和无故不缴纳社会保险费的现象。员工们对公司的这一做法感到很气愤，但是考虑到自己的工作岗位和发展机会，没有人敢于站出来对此提出质疑。小吴知道公司的做法是违反《劳动法》的，强烈的维权意识使他认为一定要采取措施保护自己和同事的合法权益。于是他以匿名的方式向当地劳动监察部门举报了公司的恶劣行径。劳动监察部门接到举报后，马上在查证属实的基础上对公司进行了处罚，同时责令公司返还克扣的员工工资，并按规定补缴社会保险费。小吴以自己的行动维护了自己和同事的正当权益。

　　案例 4：毕业生小杨通过网络招聘与一家颇有影响力的民营企业互相达成了口头协议。在正式入职之前，她来到该企业指定的培训中心交纳了相关的培训及服装费用。该企业承诺，如果职员在培训后因为企业的原因没有被录用，将退还培训中所有的费用。结果，由于企业人事调整，小杨没有进入该企业工作。当向该企业要求返还培训及服装费用时，她因拿不出交费证据而被拒绝。

大家一起说

上述案例涉及哪些法律知识？如果你遇到类似情况，你有什么解决办法？

探索活动

某家公司的人力资源部门在工作中存在如下常规操作，请判断哪些操作是合法的，哪些是违法的，并把序号写在相应的括号内。

1. 员工办理入职时须交押金、扣证件；

2. 员工年假过期作废；

3. 试用期内根据员工表现，决定是否解除劳动关系；

4. 就职后定期为员工提供职业技能培训；

5. 对于处在孕期、产期、哺乳期的女职工，依照公司相关规定，可随时解除劳动合同；

6. 享有国家规定假日的休假权，如春节、国庆假期；

7. 劳动合同期满后 2 个月后，根据员工表现，再决定是否续签；

8. 试用期内无须给员工缴纳社保；

9. 根据公司发展需要，经与员工协商，可调岗降薪。

合法（　　　　　　）　　　　　违法（　　　　　　）

创意作业

在就业过程中，残疾人若受到不公正的对待，应该怎样寻求帮助？快去学习一下《中华人民共和国残疾人保障法》，并把你学到的知识和同学们进行交流。

拓展阅读

了解权益，保护自己

初涉职场的毕业生对社会的复杂性往往缺乏必要的认识，一些用人单位甚至不法之徒也正是利用了毕业生这种急于找工作但又缺乏社会经验的弱点，侵害毕业生的利益，甚至利用毕业生进行违法犯罪活动。因此，在就业过程中，毕业生应该了解就业权益，学会保护自己。

一、法律意识

毕业生必须了解与就业相关的法律法规、政策制度，了解劳动用工的相关规定，并且在学习这些法律、政策、规定的过程中，逐步养成用法律进行思维的意识，即法律意识，进而能在这种意识的指导下，真正做到懂法、守法、用法。

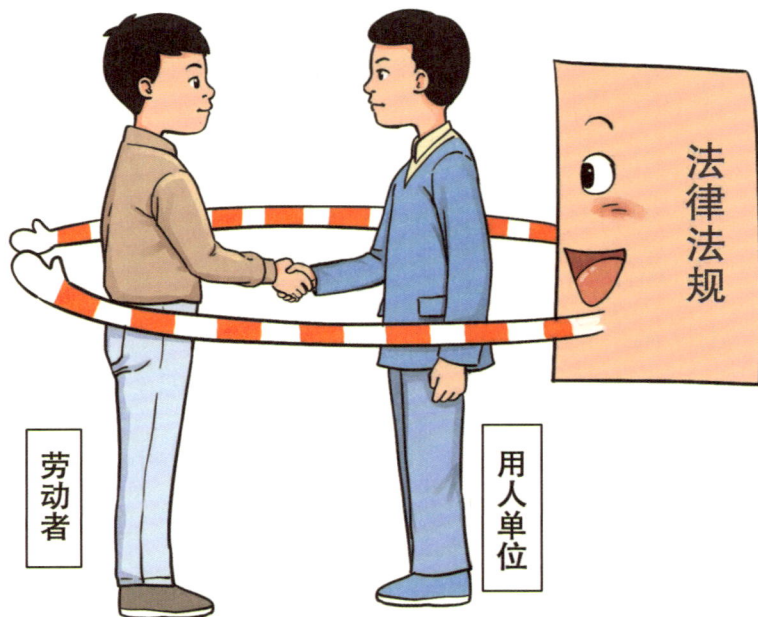

二、契约意识

契约意识在就业过程中主要体现在两个方面，一是要求毕业生充分重视和深刻理解就业协议的重要性，要有通过就业协议来保护自己合法权益的意识；二是就业协议一旦签订即具有法律效力，必须具有严格遵守、履行就业协议内容的意识。

因此，谨慎签约、积极履约有利于毕业生通过协议内容的约定保护自己的合法权益。协议一旦订立，双方都必须遵守，任何一方不得无故毁约、违约等，否则将受到法律的惩罚。

三、维权意识

不同的处理方法体现了不同的维权意识。具有强烈的维权意识，能使毕业生在碰到问题时拿起法律的武器积极主张权利，是毕业生走出权益自我保护的实质性一步。毕业生只有养成了积极主张权利的维权意识，不畏法、不畏仲裁诉讼，才能平等地与用人单位进行对话，据理力争，切实保障自己的合法权益。

四、证据意识

法律是用证据说话的，毕业生在就业过程中应"多留一个心眼"，牢固树立证据意识。证据意识的培养主要体现在三个方面：一是收集证据的意识，毕业生在就业时要有意识地让对方出示或者提供相关资料，来佐证一定的事实，如要求公司出示营业执照，要求对方出示表明身份的证件等；二是保存证据的意识，毕业生注意保存现有的证据，以便将来在仲裁或诉讼时支持自己的观点，如要注意保存单位在招聘时的海报，与单位往来的传真、邮件等；三是运用证据的意识，毕业生要有用证据证明案件事实的意识，知道什么样的事实需要用什么样的证据来证明，知道一定事实的举证责任是在对方还是己方，等等。

五、诚信意识

毕业生诚信意识的培养主要包括两个方面。一是毕业生自己在求职过程中必须如实向用人单位介绍自己的情况，要实事求是。如果毕业生故意隐瞒自身情况，欺骗单位，可能导致就业协议无效，并要承担缔约过失责任。二是要能够意识到用人单位是不是诚信，比如意识到单位介绍的情况是不是真实，其招聘的真实目的是什么。

第二单元

职业素养

第5课　培育我的职业素养

读一读

有一家叫"风火轮"的速递公司，规模不大，却认真负责。有的时候，为了把快件安全、及时地送到顾客手上，投递员要从城北赶到城东，他们常常是满头大汗，气喘吁吁。新冠肺炎疫情时期，为了保障客户的安全，他们按公司规定，任何情况下都必须戴上口罩，并双手捧起快件放到顾客指定的位置，说："让您久等了，请把快件收好。"小小的"风火轮"公司以其守信和特别的细节，赢得了客户的信任。

谁会想到关键时刻是细节让企业脱颖而出。

大家一起说

"风火轮"速递公司为什么能够赢得客户的信任？

探索活动

细节决定成败，不要忽视生活中的小事，个人素养往往可以从小事中体现出来。不要因为自己的努力一时没有得到别人的肯定而感到沮丧，也不要为一时的蒙混过关而沾沾自喜。周围的人都会看在眼里，记在心上。

让我们一起做一个"寻宝"游戏吧！与同伴合作，在10分钟内尽可能多地在教室里找到下列"宝物"（请在找到的物品前打√）。

"宝物"清单如下：

组别	分值	物品
A	2	○ 一支钢笔　○ 一块小石头　○ 一支粉笔 ○ 一把直尺　○ 一片树叶　○ 一包餐巾纸 ○ 一个发卡　○ 一根鞋带　○ 一顶帽子 ○ 一个乒乓球
B	5	○ 班主任或其他任课教师的签名 ○ 一枚5角硬币　○ 一把梳子 ○ 一本杂志　○ 一份学校介绍 ○ 一个苹果　○ 一把伞
C	10	○ 一根跳绳　○ 一个U盘 ○ 一张小队成员合影或小队活动照片

将找到的"宝物"按分值统计：

组别	找到的"宝物"个数	得分
A		
B		
C		
小组总计（　　　　　　　）分		

具体游戏步骤如下：

1. 分组，明确活动要求，领取活动材料；

2. 核对时间，手执活动清单，开始游戏；

3. 教师随行，作好记录；

4. 展示找到的物品，宣布结果。

💬 畅所欲言

你在"寻宝"游戏中负责哪些任务？你对自己表现最满意的方面是什么？你给自己打几颗星？

☆ ☆ ☆ ☆ ☆

小组其他同学的表现如何？具体表现在哪些方面？

创意作业

在活动中，每位同学都展现了自己的综合素养。综合素养指人具有的学识、才气、能力以及特长等综合条件，包括学习能力、人际交往、责任心、工作态度、诚实水平等。同学们要根据自身特点，充分发挥自己的特长，展示个人的综合素养。

在工作和生活中需要哪些基本能力和素养，给它们排一排先后顺序。现在的你具备这些能力和素养吗？举一些生活中的例子作为依据。

第6课　职业素养——团队合作

读一读

故事1：挖坑和填土

在马路人行道边，有两个人在努力干活。只见前面一个人在使劲地挖坑，紧跟在后面的一个人在拼命地填土。路人很奇怪：为什么刚挖好了又要填上呢？便上前询问。

挖坑的人答道："我们在种树。"这更让人糊涂了！挖坑的人又补充说："我们单位是严格按照规章制度考核的。我挖一个坑可以得到20元，他填满一个坑可以得到15元，

本来还有一位同事，他负责种树、浇水及施肥，每种一棵树可以得到 10 元。不过他今天生病了没有来，但我们的工作不能停啊，所以你只能看到我们俩在这里挖坑和填土了。"

显然，那家企业要的不是挖了多少个坑，也不是填了多少个坑，而是最后有多少棵树在挖好的坑里按要求种了起来。

故事 2：蚂蚁的岗位

蚂蚁是群居性昆虫，在它们的社会中，等级分明，分工细致。在蚂蚁社会中，雌蚁数量极少，专门产卵，靠工蚁喂养；雄蚁不参加任何劳动，专行生殖，全靠工蚁喂养；工蚁数量极多，其中颚齿较大的为兵蚁，专门负责保卫工作，颚齿小的工蚁承担全部劳动任务。工蚁各行其责，任劳任怨，从不失职。

蚂蚁是社会性很强的昆虫，彼此通过身体发出的信息素进行交流沟通。当蚂蚁找到食物时，会在食物上撒布信息素，别的蚂蚁就会

本能地把有信息素的东西拖回洞里。每一窝蚂蚁都有自己特定的识别气味，有相同气味的不会互相攻击，这就是同窝蚂蚁可以很好协作的基础。

这些信息素把分工不同的蚂蚁们联系到了一起，既各司其职，又团结协作，形成了庞大的蚂蚁帝国。

大家一起说

1. 故事 1 中的两个工人在工作中有什么问题吗？为什么？请帮他们找一找！

2. 蚂蚁是怎样分工和合作的？如果打乱这样的分工，会产生怎样的后果？如果没有合作，蚂蚁的世界将会是什么样子的？

探索活动

合作是个人与个人、个人与群体、群体与群体之间为达到某个共同目的，彼此相互配合的一种联合行动或方式。分工即各种社会劳动的划分。分工是为了更好地达成有效合作，在小组合作中，要注意分工的依据。合作和分工都是为了更好地达成目标。

分工没有轻重之分，少了任何一环，整个集体都无法运作。分工时，要切实考虑每个人的特点，寻找到各自在团队中适合做怎样的工作。分工后的关键是要进行合作，每个人都要遵守一定的规则，经过一段时间的磨合，才能形成有效合作。

　　接下来，我们来做一个"想象无极限"的游戏。班级同学为一个整体，想一想每个人有何特长，然后进行分工，共同完成一项创意任务：将下面这些图形涂上颜色，拼成一幅作品，并向大家展示介绍一下。

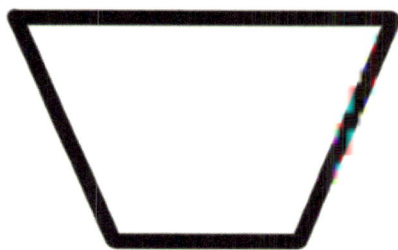

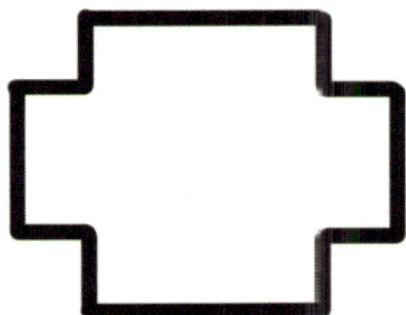

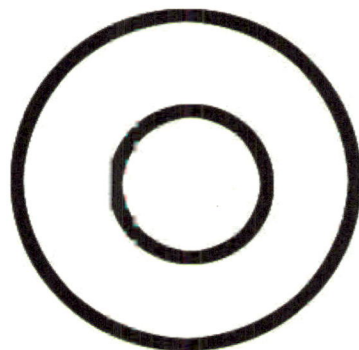

畅所欲言

1. 在小组合作中，如果自己老是被分到不喜欢的任务，该怎么办？

2. 假如你把自己的事情做完了，可是小组其他成员还没有完成任务，这时候你该怎么办？

创意作业

经过学习，你可能对合作有了更深的理解。请以"我的合作体会"为题目，把体会写下来。

第7课　职业素养——工作责任感

读一读

公司领导即将出差，告知小张要将一份业务数据报表打印出来交给他。小张在打印报表的时候发现报表内容很多，用 A4 纸打印需要分两页打印，而用 A3 纸打印的话只需要一张就够了。小张想了想，从数据整体的呈现度来看 A3 纸无疑是最好的，但是考虑到领导出差是乘坐飞机，飞行途中看 A4 纸更为方便，所以他用 A3 和 A4 纸各打印了一份。领导对小张的工作很满意。

大家一起说

小张的工作亮点在哪里？

探索活动

俄国作家列夫·托尔斯泰说过："一个人若没有热情，他将一事无成，而热情的基点正是责任心。"责任心是职业取得成功的基本要素。

快来和同学一起参加下面的游戏吧。

游戏规则：

1. 队员相隔一臂站成几排，领队喊"一"时，向右转；喊"二"时，向左转；喊"三"时，向后转；喊"四"时，向前跨一步；喊"五"时，不动。

2. 当有人做错时，做错的人要走出队列，站到大家面前先鞠一躬，举起右手高声说："对不起，我错了！"

3. 做几个回合后，领队提问这个游戏说明了什么问题，队员进行思考。

畅所欲言

1. 在这个活动中，你最大的收获是什么？

2. 在现实生活中，你是一个有责任心、有担当的人吗？

创意作业

为了更好地理解责任感对自己学业所产生的重要作

用，请你以 10 元为一个单位进行记录，考查自己的日常行为，以增强责任意识，培养责任感。

1. 考查并记录自己 10 天的日常行为，做到记 1 分，未做到记 0 分。

2. 10 天后，对自己的日常行为进行自我评价。

责任意识考查表

考查项目	日期									
	第1日	第2日	第3日	第4日	第5日	第6日	第7日	第8日	第9日	第10日
准时起床										
按时上课										
按时交作业										
认真听课										
同学之间关系融洽										
诚信待人										
主动学习，能力提高										
主动为班级服务										
善于总结学习经验										
学习效果好										

📄 **拓展阅读**

最美司机

吴斌是一名客车司机。2012年5月29日中午，他驾驶大客车以90千米/时的速度在高速公路上行驶。突然，一块大铁片从天而降，在击碎挡风玻璃后，砸向吴斌的腹部和手臂。面对突如其来的致命打击和后面惊慌失措的乘客，作为司机的吴斌会怎么做？监控画面记录下他当时坚强的1分16秒：在被击中的一瞬间，吴斌看上去很痛苦，本能地用右手捂了一下腹部，但他没有紧急刹车或猛打方向盘，而是强忍着疼痛把车缓缓减速，停靠在路边，打起双闪灯，拉好手刹，最后他解开安全带挣扎着站起来，回头对受到惊吓的乘客说："别乱跑，注意安全。"

24名乘客无一受伤，年仅48岁的吴斌却在6月1日因伤势过重而去世。发生在29日中午高速公路上的这一幕感动了数百万网民，吴斌被赞为"最美司机"。

第三单元

基本职业技能

第8课　学会有效的沟通

📖 读一读

　　国王做了一个梦，梦见自己的牙齿一颗颗都掉光了。他很不安，便传唤了圆梦者来解梦。

　　第一位圆梦者说："陛下，这是一个不好的兆头。就像您一颗颗掉落的牙齿一样，您的家人也将一个个先于您离世。"国王听了大怒，命令将此人关入大牢，并吩咐再传一位圆梦者来。

　　第二位圆梦者说："陛下，这是个好兆头。这个梦的意思是，您将比您家里所有的人都长寿。"国王听了非常高兴，赏了这位圆梦者一大笔钱。

大家一起说

两位圆梦者说的话意思一样吗？为什么他们的结局截然相反？读了这个故事，你有什么想说的？

探索活动

我们来做一个"撕纸"游戏。听老师口令，同学们做相应的动作。

口令 1：取一张纸，把纸上下对折；

口令 2：再把它左右对折；

口令 3：在对折的纸上撕去右上角

口令 4：然后顺时针转 180°；

口令 5：撕去右上角；

口令 6：将纸展开，看看每个人手中的纸片形状是否一样。

畅所欲言

为什么同学们撕纸的结果会不一样？

一个小小的游戏尚且因为理解不同又无法有效沟通，而出现了各种不同的结果，更何况是日常生活中的人际交往呢。由于人们叙述信息不够清晰或者详细，没有进行及时互动交流等原因，都会导致误解的产生。增加双方的信息交流，增进双方的理解认同，有利于达到沟通的最佳效果。

📣 创意作业

班级里有一位同学，终日埋头读书，对于学校、班级的活动总是漠不关心，你将如何与之沟通，使其关心并投入学校、班级的活动中？试一试。

第 9 课　管理我的钱包

读一读

拳王泰森在他 20 年的拳击生涯中至少赚了 4 亿美元，然而他花钱的速度也很惊人，每个月的生活费超过 40 万美元（不包括购买别墅、名车），连他自己都搞不清楚，那么多钱是怎样花掉的。到了 2004 年，泰森竟然负债 3200 万美元！如此庞大的债务使泰森比塞拉利昂的穷人还要穷 16 万倍。塞拉利昂是世界上最贫穷的地方，2020 年人均年收入仅 512 美元。因此按照这个标准，泰森确实一贫如洗。

大家一起说

泰森花钱如流水的悲剧给了你什么样的启发？我们经常听到人们说"赚得越多，花得越多"，你是怎样理解这句话的？

🔍 探索活动

如果不想真正贫困，就要立即行动起来，学会控制自己的欲望，节约用钱，拒绝挥霍浪费，千万不要在今天就把明天的钱都花掉。

有人认为，中学生的零花钱又没多少，没必要制订理财计划，而且计划永远赶不上变化，所以有理财计划也没有用，而且还浪费时间。

对此，你的观点是怎样的？

事实上，可能很多人会认为，钱足够多的时候需要理财计划。其实不然，钱越少越需要理财，精打细算，使每一分钱都发挥最大效益。这样一来，我们就可以高效率地利用手中的零花钱，不浪费家人辛勤的汗水，不辜负家人对我们的爱。

现在电子支付日益普及，带着手机就可以出门，很少会碰到手边有大额现金的情况，但是难免会有此情况的出现，例如收到压岁钱时。那么大额现金怎样保存更安全呢？和同学们一起交流有哪些好的方法吧。

📢 创意作业

每个家庭都有自己的理财方式，你了解父母的理财方式吗？利用业余时间对自己的家庭做一个小调查，了解上个月家庭的收入、支出情况。

上个月家庭收支情况

总收入	总支出	
	支出项目	占收入比率
	水电	
	燃气	
	生活	
	教育	
	医疗	
	娱乐	
	购物	
	交通	
	交往	
	信息费	
	……	

拓展阅读

石油大王洛克菲勒的理财教育

美国的石油大王洛克菲勒是世界上第一个拥有 10 亿财产的大富翁。他从小家教很严，靠给父亲干活挣零花钱。每天，他要到田里干农活，有时还要帮母亲挤牛奶。他将自己的工作量换算成相应的报酬，记录在账本上，然后与父亲结算。这事他做得很认真，感到既神圣又趣味无穷。

成年后，洛克菲勒非常重视对子女进行理财教育。他有一个账本，扉页上印着孩子零花钱的规定——7—8 岁每周 30 美分，11—12 岁每周 1 美元，12 岁以上每周 3 美元。他要求子女在本子上记清每一笔支出的用途，待下一次领钱时，经检查，账目清楚、用途正当的，可增加 5 美分。由于洛克菲勒对子女花钱严格要求，孩子们逐渐学会了精打细算和理财的本领，后来都成为理财专家。

第10课 终身学习——快乐的学习之旅

读一读

联合国教科文组织于 1996 年发表《学习：内在的财富》，该报告提出终身学习的四大支柱：学会求知，学会做事，学会共处，学会生存。

未来社会将会更看重能力，更关注需求，为终身学习提供广阔的舞台。

著名经济学家于光远先生活到老、学到老的事迹振奋着每一位求知者。于光远先生长期从事经济研究工作，是我国经济改革开放的重要参与者和见证人。于老虽年事已高，但仍"坐轮椅，走天下"。为了使自己能跟上现代化步伐，于老86 岁开始使用电脑，并建立了自己的网站，还打算开"博客"。据《北京晚报》报道，头顶"著名经济学家"桂冠的于光远，晚年又开始攀登文学高峰，散文出

手不凡，自诩"21世纪文坛新秀"。90岁之前，于老出版了75部著作，其中包括散文集《古稀手迹》《碎思录》《墙外的石榴花》等。

晚年的于老每天花大量的时间坐在电脑前，除了吃饭、睡觉，他基本上都在电脑上写着、学着、玩着、快活着。他曾表示，不过百岁生日，要出百部著作。

大家一起说

1．"吾生也有涯，而知也无涯"，这句话你是怎么理解的？

2．请大家结合于先生终身学习的事例，谈谈自己对终身学习的设想。

探索活动

请同学们进行一次小小的社会调查。你可以访谈自己的父母、亲戚、学长，甚至还可以深入他们单位内部采访员工。了解一下他们对学习的态度，以及他们是如何看待终身学习的。（注意：一定要选择不同的访谈对象，比较他们不同的终身学习需求。）

1．请同学们提前设计几个问题用于访谈，如是否需要学习，主要需要哪些方面的学习等。

2. 分小组进行深入采访和了解情况，每组 3～5 人。

3. 把采访的结果进行简单的统计，根据统计结果，分析得出结论。

4. 小组汇报调查结果，并与其他小组进行交流和讨论，也可以把在调查过程中遇到的有趣的事情以及自己想到的问题说出来，与大家一起探讨和分享。

📢 创意作业

在全新的环境中生存和成长，学习能力是至关重要的。想象一下，假如你和朋友们去沙漠徒步旅行，结果你和他们走散了，只剩下你一个人，缺水断粮，手机也没有信号，但是你随身携带了放大镜、刀和铁饭盒这三样东西，你会用什么办法维持自己的生命？请展开想象，点子越多越好。

📄 拓展阅读

如何才能养成终身学习的习惯？

大多数人从学校毕业之后，学习一般就只分为两种类型，一种是纯知识的学习，另一种是技能的学习。

一、知识是有保质期的，想要不落后，只有不断地补充知识

时代在发展进步，特别是当我们步入社会之后，会渐渐遗忘学校里学习的知识，就算还记得，那些知识在生活中运用得也比较少，也就开始慢慢过时了。而让自己保持知识更新的最佳途径，就是阅读大量优秀的书籍。读书不仅能够帮你获取更多的知识，而且也能让你结交更多志同道合的朋友。

二、有些技能是你必须亲自做才能掌握的，例如独立乘坐地铁、操作电脑软件等

如今社会竞争激烈，各个行业都十分需要人才，特别是一些全能型的人才。如果你对一些技能感兴趣，并且愿意花时间去学习，这将成为你生存下来的一个条件。

日本有一位84岁的老奶奶，她18岁就开始工作，从事银行职员的工作一直至退休。在她60岁的时候，她购买了人生的第一台电脑，然后就开始迷上了电子产品。75岁开始学习数据处理软件，81岁开始学习货币清算软件，84岁的时候，更是独自开发了一款适合老年人的手机游戏。

支撑这位高龄奶奶不断探索这一领域的动力，就是因为市场上没有适合老年人的游戏App。她曾经要求软件开发人员为老年人提供更多的科技产品和功能，可大部分企

业都对此不感兴趣。无奈之下，她只好自己学习编程，自己动手编写应用程序。

历时半年，这位老奶奶开发了一款名叫"雏坛"的应用程序，这是她为日本 60 岁以上老人开发的第一款手机游戏，在日本一经推出，就被下载了 4.2 万次，好评如潮。

所以，一个你想要解决的问题，会让你愿意在这个领域花时间思考、成长、学习，企图用自己已知的知识去解决，不断探寻未知的问题，不断提升自己。这样才能持之以恒地学习，养成终身学习的好习惯。

第 11 课 获取职业信息

读一读

"巴纳姆效应"是由心理学家伯特伦·福勒于 1948 年通过试验证明的一种心理学现象。"巴纳姆效应"的主要表现为：每个人都会很容易相信，一个笼统的、一般性的人格描述特别适合他，即使这种描述十分空洞，他仍然认为反映了自己的人格面貌。

这个效应是以一位广受欢迎的著名魔术师肖曼·巴纳姆的名字来命名的。这位魔术师曾经在评价自己的表演时说："我的节目之所以受欢迎，是因为节目中包含了每个人都喜欢的成分，所以每一分钟都有人上当受骗。"

心理学上的巴纳姆效应告诉人们，轻信是被算计的开始。而要避免巴纳姆效应，就应客观真实地认识自己。

哇，好准！

你今早起床刷牙了。

大家一起说

客观真实地认识自己，是避免轻信的开始。你知道哪些客观真实认识自己的途径，快和大家一起分享吧。

探索活动

小李在公交车候车亭看到一则招聘广告，内容如下：

长期招聘文秘若干名，待遇优厚。联系电话：13××××××××。

小李心动不已，但又怕是骗子，拿着电话，犹豫不决。

1. 请你为小李甄别信息的真假。

2. 你还知道哪些常见的发布虚假信息的惯用伎俩，快来和同学一起交流吧！

创意作业

请你通过上网、实地考察、采访专业人士等方式，收集自己想从事职业的相关信息，做好文字和图片记录，制作成 PPT，向大家展示。

📄 拓展阅读

学会掌握就业信息

就业信息是毕业生求职择业的基础和必备条件，谁先及时获取信息，谁就掌握了求职的主动权。因此，我们应当及时、全面地掌握有关就业方面的各种信息。

一、就业信息获取渠道

1. 各类招聘会。招聘会主要有两种，一种是面向社会人员的大型招聘会，另一种是只针对应届毕业生的校园招聘会。

2. 媒体和网络。包括广播电台、电视台、专门指导就业的报纸杂志、专业求职网站等。

3. 社会实践和就业实习单位。

4. 亲戚、朋友、校友等社会关系。

请利用这些渠道进行招聘信息的搜索，选出一个你最信任的方式。除此之外，你还知道其他正规渠道吗？

二、鉴别就业信息

对于搜寻到的信息，请大家擦亮眼睛，千万别上当受骗！下面是快速简单鉴别虚假信息的一些窍门。

1. 没有刊登企业名称的招聘信息；

2. 在报纸上长期刊登的招聘信息；

3. 非法中介盗取的个人信息；

4. 招聘单位招聘量是否过大，招聘内容是否过于完美；

5. 招聘不招人，妄想坐收渔翁之利；

6. 过于殷勤，企图拐卖人口；

7. 花言巧语，色迷心窍。

第12课　成功求职的敲门砖——制作简历

读一读

小王到一家房地产公司应聘售楼策划岗位，他把自己的简历做成了一份售楼书。小王的创意让招聘人员耳目一新，也让公司领导通过这份简历看到了小王的创新能力，所以他顺利得到了这份工作。

大家一起说

个人简历应该包括哪些内容？如何让简历吸引人？

探索活动

简历在我们求职过程中起着举足轻重的作用，优秀的简历可以让人眼前一亮，赢得先机。一份好的简历要有针对性，需要根据招聘条件和要求突出自己的"卖点"，这样能增加求职的成功率。如何制作一份合格的简历并顺利投送呢？

一、简历内容

个人简历应当包括七个基本要素：个人基本情况（如姓名、性别）、求职意向、教育背景、工作经历或社团经验、所获奖项、个人专长和自我评价。

此外，为了吸人眼球，在撰写简历的过程中还需要注意以下五点。

简短：个人简历以一页 A4 纸为宜。

清晰：确保招聘者一眼就能看到他们需要的信息；使用简单、清晰、易懂的语言。

整洁：版面干净、赏心悦目，让招聘者一看就有阅读的意愿。

真实：既不夸张（自负），也不消极地评价自己（过分谦虚）。

正确：文字、印刷、语法、标点符号等都要正确无误。

二、制作简历

了解了简历包含的基本内容后，试按照下面的表格为自己制作一份简历。

个人简历

姓名：　　　　性别：

出生年月：　　健康状况：

民族：　　　　学历：

毕业院校：　　专业：

联系电话：　　电子邮箱：

照片

教育背景：

社会实践和获奖情况：

个人专长：

自我评价：

三、发送简历

简历制作完成后，有哪些途径可以把它送至用人单位呢？

1. 本人直接送达。

2. 快递或信函投寄。

3. 利用网络投送。

创意作业

校园广播站要招聘一名播音员，请你为这个岗位量身定制一份精美的个人简历吧！

第四单元

职业体验

第 13 课　模拟校园小导游

读一读

　　在我们美丽的校园里，红砖白瓦的建筑令人赏心悦目，历史悠久的校史陈列室记录着学校的成长，巍峨耸立的教学大楼里传来朗朗的读书声……一切都是那么的熟悉、亲切，这里就是我们的家。可是，对于刚踏入学校的一年级同学来说，校园的一切都是陌生的。

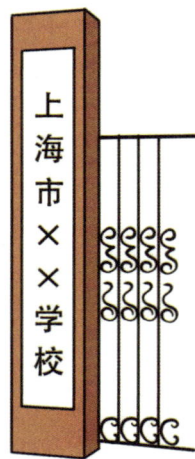

大家一起说

　　请你做一次校园导游，帮助新入学的同学尽快熟悉校园环境。

　　1. 设计一条校园旅游路线。

　　2. 介绍校园各处景点的特色。

3. 突发事件的处理方法。

事件 1：新同学不守时、迟到；

事件 2：新同学突发疾病；

事件 3：新同学在景点大声喧哗，乱扔垃圾。

探索活动

经过刚才的游戏，你知道导游必须具备哪些知识与技能吗？让我们一起完成下面这张表格的填写。

成为导游的条件	应具备的知识与能力 （可在哪些学科学习中加强）
身体健康	
地理知识丰富	
方位感强	
与人沟通能力强	
组织协调能力强	

创意作业

任何一场精彩的活动或演出，都离不开主持人。他们在串联节目内容、引导节目发展以及与观众互动中发挥着重要作用，是一场活动的核心人物。和同学一起，共同撰写"××晚会"的主持稿，并预测现场的突发情况及其应对方法。

第 14 课　职业体验

读一读

某校初二（6）班的全体同学到一家服装厂进行为期两天的职业体验。他们首先认真听取服装厂有关人员对服装企业的分类以及生产流程的介绍，随后前往参观产品展示厅和各个生产车间。当进入生产车间时，大家都跃跃欲试，开启了愉快的职业体验之旅。有的剪线头，有的穿裤带，有的叠衣服，有的包装衣服，有的印花，有的裁剪……各司其职，各尽其力，十分专注。当然，车间的专业师傅也会不断地给大家指导，有的同学还不时向师傅咨询和学习，现场气氛十分热烈。

经过动手操作，很多同学都掌握了一种技巧。两天下来，大家都亲身体验到平凡的岗位所创造出的价值，再次感受到在求职就业中，掌握一门技术是非常重要的。

大家一起说

有人认为，职业体验应该是大学毕业生才需要进行的。你同意这种观点吗？说说你的理由。

探索活动

体验内容 1：学生电视台体验

穿着正装，面对摄像机，在演播室里采访你所崇拜的老师；在学校举办重大活动时，你第一时间坐在新闻台前，为大家播报及时的报道。你是否幻想过这样的场景？

如果你一直拥有"新闻梦"，不妨到学校的学生广播电视台体验一下"新闻人"的酸甜苦辣吧！在这里，你将通过观看电视台制作的短片、参观电视台工作室，体验现场新闻主持，了解新闻拍摄、制作的过程。

体验内容 2：巧手折出幸福花

风筝、蝴蝶、王冠、心花、雪橇、鱿鱼、令箭荷花、单瓣荷花、玫瑰花蕊、鸟……每次进入酒店餐厅用餐时，你是否会看到这些栩栩如生的餐巾折花作品呢?

餐巾折花是高档宴会前的准备工作,既美化了餐桌,体现了宴会的等级,又可供宾客就餐时使用。你不妨通过学习和实践体验,了解餐巾折花的作用和基本餐桌礼仪。

创意作业

1. 提前和父母沟通,告诉他们自己想要完成一份特殊的作业——跟随父母,踏上他们上班的路。

从早晨起床开始,观察父母上班前的忙碌景象:准备早餐,收拾房间……直到父亲或者母亲出门上班,借此了解父母日复一日上班前的情况。

2. 有条件的话,可以到父母的单位,跟着他们上半天或一天班。观察父母工作单位的环境,了解父母上班的工作内容,感受父母一天的辛劳。

成员	职业	具体工作
爸爸		
妈妈		
我的体会		

第 15 课　常见面试问题的回答技巧

 **读一读**

案例 1： 小夏是一个工科男生，他应聘一家公司的机械工程师的职位。在面试中，他表现优秀，面试官对他非常满意，于是双方便开始谈薪资问题。

小夏觉得今年找工作的形势这么严峻，自己能找到一份工作就不错了，怎么还能讨价还价？于是他回答："无所谓，都可以！"面试官一听，马上变了脸，请他回去等通知。结果小夏就再也没有收到消息了。

案例 2： 小王是法律专业的大学生，打算找一个法律顾问的职位。在招聘会上，她觉得某个外贸公司的岗位比较适合。

"我们招的是专科学历，你是本科，怎么会来应聘这个岗位？"

小王忐忑地答完了所有问题后，面试官面带微笑地告诉她："以后再去面试要自信点……"

案例3：参加学校的招聘会时，小李进入了一家国内知名企业市场部营销策划岗位的面试现场。据说进入面试的有数百人，但最后只有30多人能进入复试。小李觉得要脱颖而出，就必须表现得更积极。结果在面试时，别人还没说话，小李就不停地抢着回答，一场面试下来，有2/3的问题都是小李回答的。一个星期后，小李打电话询问面试结果，被客气地告知不必参加复试了。

大家一起说

案例中的小夏、小王和小李他们在面试中失败的原因各是什么？

探索活动

在面试过程中，面试官会向求职者发问，而求职者的回答将成为面试官是否接受他的依据。因此，求职者应了解常见面试问题的回答技巧，并从中"悟"出面试的一般规律及回答问题的思维方式。

请你和同学试着回答下面的问题吧！

问题一：谈谈你的家庭情况

询问家庭情况对于了解求职者的性格、观念、心态等有一定的作用，这是面试官提问的主要原因。回答时可以简单地罗列家庭人口，宜强调温馨和睦的家庭氛围、父母对自己教育的重视、各位家庭成员的良好状况、家庭成员对自己工作的支持、自己对家庭的责任感等。

问题二：你有什么业余爱好？

业余爱好在一定程度上反映求职者的性格、观念、心态，这是面试官提出问题的主要原因。面试时，最好不要说自己没有业余爱好，不要说自己有哪些庸俗的、令人感觉不好的爱好，不要说自己仅限于读书、听音乐、上网，否则可能令面试官怀疑你的性格孤僻怪异；最好能有一些户外的业余爱好来"点缀"你的形象。

问题三：可以谈谈你的缺点吗？

讨论缺点，除了能帮助面试官考查求职者的缺点，还能看出求职者的诚信素质及自我了解程度。回答时不宜说自己没有缺点，不宜把那些明显的优点说成缺点，不宜说出严重影响应聘工作的缺点；可以说一些对于所应聘的工作"无关紧要"的缺点，甚至表面上看是缺点，从工作的角度看却是优点的内容。

问题四：你为什么选择我们公司？

面试官试图从你的回答中了解你求职的动机、愿望以及对此项工作的态度，建议从行业、企业和岗位这三个角度来回答。

问题五：你是应届毕业生，缺乏经验，如何能胜任这项工作？

如果招聘单位对求职者提出这样的问题，说明招聘单位并不真正在乎"经验"，关键看你怎么回答。对这个问题的回答最好要体现出你的诚恳、机智、果敢和敬业。

创意作业

面试常规提问有不少，但有一个问题，是几乎所有的面试官都会提问的，那就是：同学，请你用一分钟的时间介绍一下自己。简短的一分钟，可不是重复简历哦。请你编辑一分钟的自我介绍，并在同学面前展示一下吧。

第 16 课　面试礼仪全攻略

读一读

香港"领带大王"曾宪梓在用人方面有自己的独到之处，他在《曾宪梓传》一书中讲述了这样一个鲜为人知的小故事。

有一次组织面试，曾宪梓先将一把打扫房间的扫帚斜靠在办公室的门边，并且让它对着房门，门一动，扫帚就会不经意地倒下来，不动声色地等待前来应聘的求职者。

这一天，应聘的人不少，最后录取的都是各方面条件合适，并且主动把倒在地上的扫帚扶起来的人。

大家一起说

曾宪梓设计这样一道考题的目的是什么？给了你什么启发？

探索活动

一、校园接待

1. 场景：有嘉宾要来学校，学校领导让你去校门口迎接，并给嘉宾带路，把她引领到领导办公室。

2. 模拟要点：

① 仪表整洁，面带微笑；

② 见到嘉宾，热情打招呼，简单介绍自己；

③ 走在嘉宾的左前方，并在路上亲切问候嘉宾；

④ 到领导办公室门口，先轻叩门，得到准许后，方可进入办公室。

二、面试礼仪

1. 场景：你在房间外等候面试，一位面试者从面试房间出来后，你依序进入面试房间，按要求递交材料，开始面试，直至面试结束。

2. 模拟要点：

① 着装整洁、大方、得体，等候期间要耐心，不可东张西望；

② 敲门要轻，三下为宜，得到准许后方可进入；

③ 先简单问候面试官，做自我介绍时面带微笑，双手呈递面试材料，坐姿端正。

🔊 创意作业

以班级为单位组织模拟面试。两人担任面试官，一人当评论员，其他三人扮演应聘者。所有人都准备好自己的个人简历，布置好面试的场所，按约定的时间开始面试。在面试过程中，要求每个人都按照真实招聘的情境来扮演好自己的角色。面试结束，面试官、评论员、应聘者一起讨论，指出应聘者在模拟面试中的优点和不足，并共同探讨改进的方法。一次模拟结束之后，可以互换角色，重新进行排练。

📄 拓展阅读

注意面试的要点

一、遵守时间

守时是职业道德的起码要求，是对人的一种尊重。最好是提前十分钟到达面试地点。

二、服装的准备

服饰能够反映出一个人的文化水平、修养和气质，是一种重要的体态语言。一般社交服饰打扮应遵循"TPO"原则，即 Time（时间）、Place（地点）、Object（目的）。面试是正式场合，衣着应该选择稳重一些的。

三、仪容仪表

仪表的修饰最重要的是干净整洁，不要太标榜个性。发型是构成仪容形象的重要内容，好的发型能给人整洁、文雅等感觉；必要的化妆也是必不可少的，男生可适当做些面部修饰，保持面部清洁，女生要化淡妆。

四、行为举止

面试时，应"站有站相，坐有坐相"。进入面试房间，要先敲门，经过允许后再进入。见面时要主动向面试官问好致敬，称呼要亲切得体，要经允许后道谢入座。

五、谈吐

在讲话时要充满自信，底气十足。声音平静，音量、语速适中。回答问题要言简意赅，面试官讲话时要注意聆听，最忌讳与面试官发生争执。

在回答中还要诚实，对不知道的不妨直接说不知道，这样还能让面试官认为你很谦虚、很诚实、很有礼貌。

六、重视结束环节

应该在得到面试官的首肯后离开考场。离开时，将椅子轻声放回原位，说声再见，轻轻把门关好。

第五单元

职业心理

第17课　认识自己

读一读

　　骆驼很高，羊很矮。骆驼说："长得高好。"羊说："不对，长得矮才好呢。"骆驼说："我有办法证明高比矮好。"羊说："我也可以找到证据证明矮比高好。"

　　它们来到一处园子，园子四面有围墙，里面种了很多树，茂盛的枝叶伸出墙外来，骆驼一抬头就吃到了树叶。羊举起前腿，趴在墙上，脖子伸得很长，但还是吃不着。

　　骆驼说："你看，这可以证明了吧，高比矮好。"羊摇摇头，不肯认输。

　　它们又走了几步，看见围墙上有扇又窄又矮的门。羊大模大样地走进园子去吃草。骆驼跪下前腿，低下头往门里钻，却怎么也钻不进去。羊说："你看，这可以证明矮比高好。"骆驼摇摇头，也不肯认输。

它们去找老牛评理，老牛说："你们各有各的长处和短处，只看到自己的长处，看不到自己的短处，是不对的。"

大家一起说

在这个故事里，骆驼和羊都认为自己说的是对的，你觉得有道理吗？你赞成老牛的话吗？为什么？或者你还有什么其他想法吗？说一说。

探索活动

每个人都有优点，但也不可避免地存在一些缺点。一个人只看到自己的优点，看不到别人的优点；或者只看到别人的缺点，看不到自己的缺点，都是不对的。我们要全面地看待自己和别人，了解自己的优点，也欣赏别人的优点，这样才能让大家都喜欢你。

让我们来放松一下，做一个"优点轰炸"游戏。

要求：小组每个成员轮流指出组内其他成员的优点，每个人只对被谈论者说出一个确实存在的优点，被谈论者认真倾听，不要做任何表示。

当然形式还可以变化，大家一起动动脑筋，让游戏更有意义。

在游戏过程中，请用心体会：当同学说出你的优点时，你有什么感觉？同学的观点跟你自己的观点是否一致？如果不一致，请把你的观点说出来。

📣 创意作业

试着做一回小记者，对你的父母、同学、老师、邻居进行采访，了解他们对你的看法。把你的采访结果简单记录下来，并和同学分享。

📄 拓展阅读

伟大的音乐家贝多芬

贝多芬是德意志伟大的作曲家、钢琴家。他一生共创作了 9 部交响曲、32 首钢琴奏鸣曲、10 首小提琴奏鸣曲、16 首弦乐四重奏、1 部歌剧等，被尊称为乐圣。

可能大家有所不知，贝多芬的听觉从小就有缺陷，28 岁时已经聋得很厉害了。32 岁时，如果不用耳筒，他连整个乐队的声音都听不清楚。贝多芬的听觉不断丧失，其钢琴演出也越来越少。他情绪低落，经济和婚姻都出现了问题，感到越来越孤独。更不幸的是，他还得了支气管炎，长期卧床。贝多芬的创作一度陷入谷底，但是这并不意味着在这期间贝多芬无所作为。耳聋之后，他先后写出更优美的《英雄交响曲》《月光奏鸣曲》和《第五交响曲》。后来，他居然还写出了不朽的《第九交响曲》。

第18课　从"学校人"到"职场人"

读一读

　　一个刚从学校毕业踏入工作岗位的学生，由于经验不足、能力欠缺，在工作中出现了失误，受到了领导的严厉批评。为此，他很不开心，没心思工作。

你怎么会犯这样的错误？

　　朋友问他："你为什么不开心？"他说："经理骂我了。"

　　又问："你是不是工作没做好？"

　　答："即便工作没做好，他也不应该对我这样态度恶劣，我长这么大，我爸妈都没对我大声喊过！"

　　问："那你希望怎么样？"

答："我希望我下次再犯错时，他的态度能好点儿！"

这位大学生说的话意味着：

1. 我出错是难免的；

2. 我以后还会出错的；

3．我再出错时，要改的是经理，不是我，他应该提高管理能力。

大家一起说

这位学生下次再做同样的工作、重复同样的错误，会得到他想要的结果吗？说一说你的看法。

探索活动

角色设计：假如我是……，我将……

在人生的舞台上，你曾经扮演过哪些角色？如果"自己"用一个小圆圈代替，你曾经扮演的角色用一个同心圆圈表示。圆圈线条的粗细代表自己对这个角色投入的时间多少，线条越粗，表示自己投入的时间越多；圆圈距离自己的远近代表这个角色对自己的重要性，距离自己越近，说明角色对于自己越重要。试着画一画属于自己的圆圈。

你对自己曾经扮演过的角色满意吗？在你未来发展的过程中，你期待扮演什么角色？请以"假如我是……，我将……"为题，畅想为扮演好自己期望的角色需要做哪些准备。

📢 创意作业

学校环境与工作环境截然不同，从学生到"职场人"的转变该如何适应？请你结合自身的情况思考哪些方面是目前自身比较欠缺的或困惑的，然后向身边的"职场人"（师兄、师姐、父母、亲戚、朋友等）请教，提前做好"职场人"的准备。

📄 拓展阅读

角色如何转变？

初入职场，要实现角色转变。角色转变会面临着新旧角色的冲突，因此要有充分的角色意识。角色意识是指个体对自己在社会生活中所扮演的角色的认知，以便使自己的行为符合社会对该角色的要求。

一、角色转变

1. 由兴趣导向到责任导向的转变；
2. 由个人导向到团队导向的转变；
3. 由成长导向到业绩导向的转变；
4. 由"想"到"做"的转变。

二、应对问题策略

我们应警惕角色转变中的心理不适，比如失望、依恋心理，以及在职场中遇到挫折后产生的心理落差，从而怀念过去的学生时光。我们可以采取以下应对策略。

1. 正确面对挫折，积极适应环境；

2. 热爱本职工作，培养职业兴趣；

3. 学习知识技能，提高工作能力；

4. 勤于观察思考，善于发现问题；

5. 勇挑工作重担，乐于无私奉献。

第 19 课　职场压力调试

读一读

　　某大学的研究人员曾做过这样的实验：他们把一只青蛙扔进滚沸的油锅里，在这生死存亡的关键时刻，青蛙奋力一跃，跳出锅外，安然逃生。然后，实验人员将这只创造了奇迹的青蛙放进盛满同样多冷水的铁桶内，并慢慢地以炭火加热。开始，青蛙在温暖的水中惬意地游着，待其意识到危险临近，欲再度施展绝技时，却因懈怠已失去了爆发力，最终未能脱离险境。

　　青蛙"油"里逃生靠的是一刹那间的压力，在压力的作用下，青蛙的潜能被激发了出来，一跃脱险。然而，当它在逐渐升温的水中感受不到压力时，便葬身锅底了。

大家一起说

1. 压力无处不在，比如我们的学业成绩不理想、同学之间有冲突等，都会给我们带来或大或小的压力。你是如何化解压力的？

2. 提到压力，我们通常会想到紧张、焦虑、不安等负面词语。压力对人们来说，真的是百害而无一利吗？

探索活动

压力是把双刃剑，对我们的生活既有消极影响，也有积极影响。当我们感觉到压力时，会有意识地调节自己，以适应心理因素或环境因素所造成的变化，无形中就把压力变成了发展的动力，如期末考试产生的压力，让我们及时进行复习等，这都是压力产生的积极作用。

调试压力的方式有：游泳、打球、爬山、和朋友聊天、心理咨询……当然，不能为了宣泄而做出不恰当的行为。

在学习与生活中，我们怎样将压力转化为动力来丰富自己的人生呢？请将你的想法写下来。

创意作业

如果你在班级里的名次从第二名下降到最后一名，你如何看待这个问题？你会尝试换个角度、换个方式看待你的压力吗？如果那样做的话，会有一些新的解决方法吗？

拓展阅读

学会心理减压

心理减压是指对自己的心理进行缓解宣泄的一种方式，它对我们的心理健康是非常重要的，因为每一个人在生活中都会存在着心理压力，当心理压力过大时，我们就要进行心理减压！

一、创造愉快环境

阅读书报有助于释放压力，增长知识，体验乐趣。不要害怕承认自己的能力有限，在适当的时候学会向人请教。要学会冷静处理各种复杂问题，非原则问题不要计较，细小问题不要纠缠。开怀大笑是一种最愉快的发泄方式，也是最坦然的处世原则。

二、学会休闲

周末出去走走，或逛超市购物，感觉会很好。变换一下发型，学做一个菜，会有不一样的感受。看电影、听音乐也不失为好方法。

三、参加户外活动

久在家中，性格中压抑成分较多，经常运动会使压力得到释放。调整作息时间，每天坚持跑步、游泳或给自己放假去健身房健身，抽出时间到就近的公园锻炼，这样有利于身心健康，不仅能锻炼身体，也能放松心情。

四、改变生活习惯

给自己的房间布满明快、活跃的色彩，能使人头脑清醒。讲究饮食，一日三餐做到荤素搭配，营养均衡。鸡肉、牛肉、香蕉等，对安神大有帮助。

第20课　职业价值观

读一读

有人问三个砌砖工人："你们在做什么呢？"

第一个工人没好气地嘀咕："你没看见吗？我在砌墙啊。"

第二个工人有气无力地说："我正在做一项每小时9元的工作呢。"

第三个工人哼着小调，欢快地回答："你问我啊！朋友，我不妨坦白地告诉你，我正在建造这世界上最伟大的建筑！"

三个工人，三种不同的回答，也是三种不同的态度。不同的态度决定不同的结果。十年后第一个工人在另一个工地上砌墙；第二个工人坐在办公室里画图纸，他成了工程师；第三个人呢，是前面两个人的老板。

大家一起说

同样的工作，为什么三个人的感受各异呢？

探索活动

工作价值观是指与职业有关的价值观，反映了个人对某种职业优劣和重要性的内在尺度。一个人越清楚自己的价值观是什么，在面临人生重要的决定或职业选择时，就越能为自己作出正确的选择。

你喜欢从事什么工作？当你想起工作这个词语的时候，请在一分钟内写下你头脑中所联想到的词语，写得越多越好。将你写的词语和同学讨论分享。

1. 你为什么写下这些短语？它们之间有哪些联系？你想在工作中得到什么？

2. 你判断工作"好""坏"的标准是什么？

创意作业

小希喜欢逛街买衣服，几十元的衣服被她搭配起来，品位立即提高。于是，她想开家服装小店，选自己喜欢的衣服来卖，最简单的益处就是自己能先以批发价买到自己穿的衣服。但是，朋友、家人的劝阻总在耳边：做服装肯定不赚钱，进货渠道难，太辛苦了……

这些劝阻让她的梦想蹉跎了好几年，也让她在她自己不快乐的工作中待了好几年。最后，小希终于下定决心，要实现梦想。

请你为小希出出主意，让她成功地实现自己的梦想。

📄 拓展阅读

避免错误的理由

你想要一张去地狱的单程车票吗？那么就用错误的理由当作你选择工作的依据吧。某管理培训中心人员这样说。

"什么是错误的理由呢？"他问。"金钱、声望、复仇、证明自己等。在我刚毕业时，我放弃了真正有兴趣的工作，而选择了一家金融机构。为了赚钱，我接受了这份工作。但是这份工作太烦人了，每天去上班简直就是对我身体的摧残。我记得曾经在一张纸上写下'牢记痛苦'这4字，并把这张纸放进了我的钱包。它在我的钱包里放了很多年，目的就是提醒我在选择另一份工作的时候，不要再用钱来作为衡量的标准。"

上海市盲童学校

视障儿童康复教育教学资源

保　健

徐洪妹　主编

陈训劼　编著

上海教育出版社
SHANGHAI EDUCATIONAL
PUBLISHING HOUSE

图书在版编目（CIP）数据

视障儿童康复教育教学资源. 保健 / 陈训劼编著. —
上海：上海教育出版社，2022.12
ISBN 978-7-5720-1810-7

Ⅰ.①视… Ⅱ.①陈… Ⅲ.①视觉障碍 – 儿童教育 –
特殊教育 – 教学参考资料 Ⅳ.①G761

中国版本图书馆CIP数据核字(2023)第242321号

责任编辑　李　祥　徐青莲　沈明玥
封面设计　蒋　妤

视障儿童康复教育教学资源　保健
徐洪妹　主编
陈训劼　编著

出版发行　上海教育出版社有限公司
官　　网　www.seph.com.cn
地　　址　上海市闵行区号景路159弄C座
邮　　编　201101
印　　刷　苏州工业园区美柯乐制版印务有限责任公司
开　　本　890×1240　1/16　印张 49.5（全11册）
字　　数　435 千字（全11册）
版　　次　2023年7月第1版
印　　次　2023年7月第1次印刷
书　　号　ISBN 978-7-5720-1810-7/G·1652
定　　价　350.00 元（全11册）

如发现质量问题，读者可向本社调换　电话：021-64373213

前　言

　　上海市盲童学校始创于 1912 年，是上海市唯一一所为视障儿童提供教育和服务的特殊教育公立学校。目前，我校形成了涵盖学前、小学、初中、高中及中职各学段，包含盲、低视力、多重障碍三大类型的高等教育以下完整视障教育体系。百余年间，我校勇于探索，在学科教学、德育、艺术和体育教育等方面取得了卓越成就，探索出了一套完整的课程体系。

　　近年来，视障儿童的障碍类型呈现多样化、复杂化的趋势，且障碍程度愈加严重，视障兼有其他障碍的儿童数量越来越多。而传统的教育教学体系难以使视障儿童的发展达到最佳程度，无法满足视障儿童全面融入社会的要求。因此，在新时期党和国家要求建设高质量特殊教育体系的背景下，我校自 2010 年起开始了新的探索和实践，整合教育、心理、医学、康复等专业资源，构建教育与康复相结合的视障教育体系。同时，"视障儿童教育、康复与保健相结合的实践研究"被立项为上海市市级重点课题。在课题引领下，我们拓展了康复的内涵，将保健融合其中，形成了视障儿童个性化教育与康复的实践模式。这一模式最大程度地满足了视障儿童个性化、差异性的教育与康复需求，促进了视障儿童的最优发展，提高了视障儿童的生命质量。

　　我校的"视障儿童个性化教育康复实践模式的研究"项目荣获 2017 年上海市教学成果奖特等奖和 2018 年基础教育国家级教学成果奖二等奖。《视障儿童个性化教育与康复的实践研究》《视障儿童康复教育教学资源》就是该项目的成果荟萃。这两套书是上海市盲童学校

1

历时十余年教育实践成果的高度凝练，体现的是我校对视障儿童发展的高度关心，对视障教育内涵的深度拓展，对自身教育使命的深刻认知。《视障儿童个性化教育与康复的实践研究》一书从研究与创新、案例与实践两个维度展开，全面展示了视障儿童个性化教育与康复的实践经验；《视障儿童康复教育教学资源》则是十一个领域教学内容和教学资源的精彩展示。

《视障儿童康复教育教学资源》共十一册，分别为：视觉功能训练、定向行走训练、运动康复、感觉统合、认知发展、言语与语言训练、作业治疗、心理康复、社会适应、职业康复和保健。该套教学资源从视障儿童身心特点出发进行编写，各分册既相互独立，又相互关联。每册教学资源根据"单元—课文—训练"的体例进行编写，主题鲜明，要点突出，内容丰富，具有很强的教学指导性。同时，该套教学资源图文并茂，条理清晰，适合视障儿童使用。

这两套书的出版，聚十余年之力，集众人之心血。一路走来，风雨兼程，薪火相传，展现了我校所有师生为之努力奋斗的精神力量，这种精神源于我们为视障儿童"点亮心灯"的不懈努力。"路漫漫其修远兮"，我们将不忘从事特殊教育的初心，秉承老一辈视障教育工作者的优良传统，以为视障儿童提供优质教育为己任，继往开来，不断前行。

编者

2023 年 4 月

目　录

第一单元

个人卫生

第1课　洗手

？猜一猜

十个小朋友，你有，我有，大家都有。

十个小朋友，五个在左，五个在右。

十个小朋友，只会做事，不会开口。

（打一人体器官）

学一学

七步洗手法

第一步：洗手掌

用流水湿润双手，涂抹洗手液（或肥皂），掌心相对，手指并拢相互揉搓。

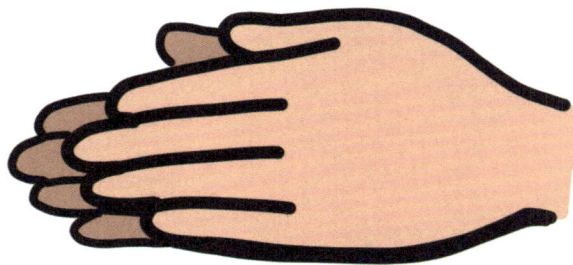

第二步：洗背侧指缝

手心对手背沿指缝相互揉搓，双手交换进行。

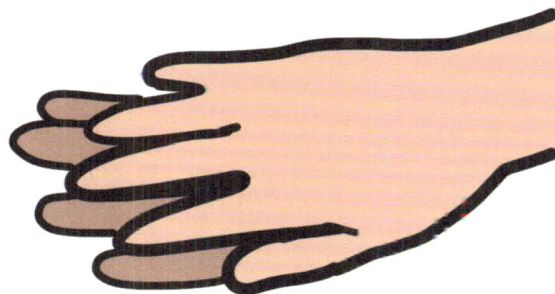

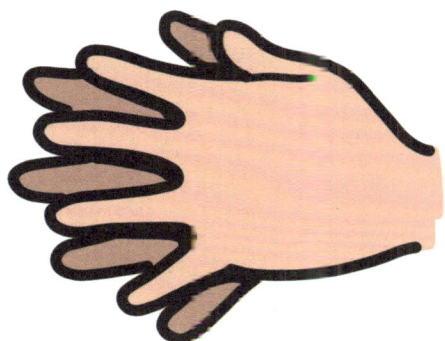

第三步：洗掌侧指缝

掌心相对，双手交叉沿指缝相互揉搓。

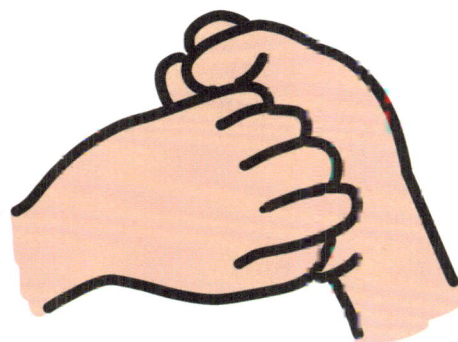

第四步：洗指背

弯曲各手指关节，半握拳把指背放在另一手掌心处旋转揉搓，双手交换进行。

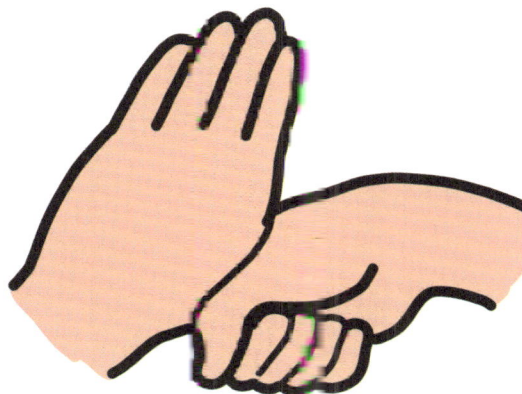

第五步：洗大拇指

一手握另一手大拇指旋转揉搓，双手交换进行。

第六步：洗指尖

弯曲各手指关节，把指尖合拢在另一手掌心处旋转揉搓，双手交换进行。

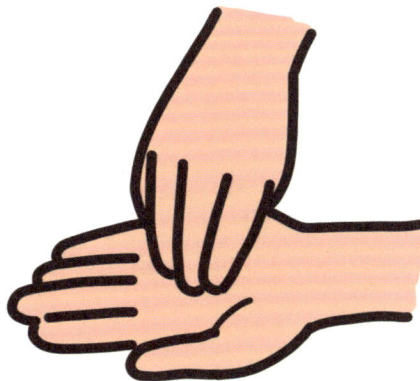

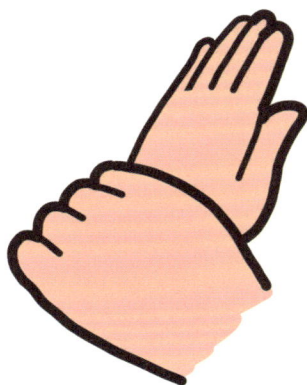

第七步：洗手腕

螺旋式揉搓手腕，双手交换进行。

想一想

什么时候需要洗手？

1. 一定要洗手的 5 种情况

（1）吃东西前；

（2）上厕所后；

（3）接触钱币后；

（4）完成工作后；

（5）去医院或接触病人后。

2. 建议洗手的其他情况

（1）户外玩耍或活动后；

（2）外出回家后；

（3）接触过污物后；

（4）接触过鼻涕、唾液、血液和泪液后；

（5）吃药或往伤口涂药前；

（6）处理或派发食物前；

（7）打喷嚏后。

同学们，你觉得还有哪些情况需要洗手？

练一练

掌心对掌心，手心压手背，十指交叉摩，手握关节搓；
拇指绕轴转，指尖掌心揉，手腕别放过，小手干净啦！

小贴士：洗手时间一般不能少于 20 秒！

第2课　刷牙

数一数

你有几颗牙齿呢？数数看。

学一学

圆弧刷牙法

第一步：刷后牙外侧面

牙齿咬在一起，牙刷进入后牙的外面，刷毛从上牙牙龈拖拉至下牙，做圆弧形转动，左右各重复一次。

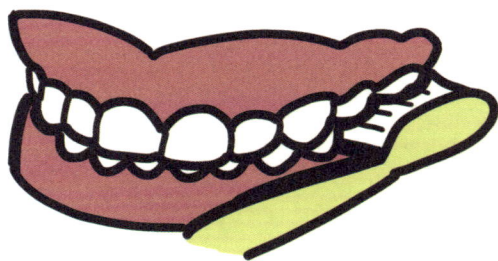

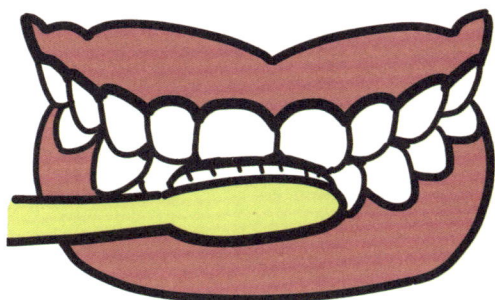

第二步：刷前牙

上下门牙咬一起，发"1"的音，牙刷在牙齿上面继续做圆弧形转动。

第三步：刷后牙内侧面

刷毛朝向牙面，来来回回反复刷。

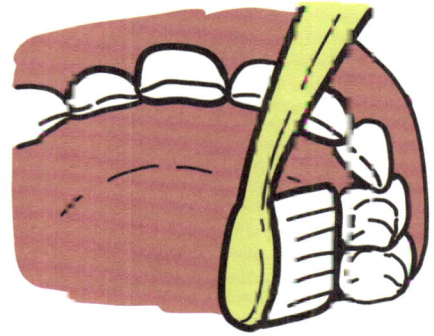

第四步：刷前牙内侧面

将牙刷竖起，来回上上下下，慢慢移动短距离刷，从一侧到另一侧，上下各重复一次。

第五步：刷牙齿咀嚼面

将刷毛放在牙面上，来来回回刷，上下左右各重复一次。

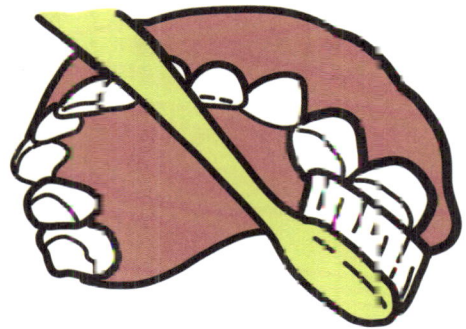

第六步：刷最后一颗牙

半张口，将刷头竖起，从牙的内侧面沿着牙龈，转过该牙的最后面，到达外侧面，上下左右各重复一次。

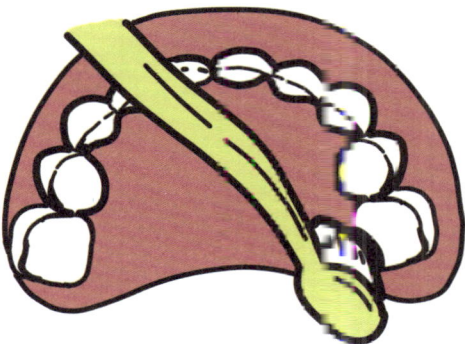

想一想

牙刷和牙膏怎么选？

1. 选择牙刷的小窍门

（1）刷头小，刷毛软，整齐平顺，没有毛刺；

（2）可选能完全包围每颗牙齿的杯形刷毛的牙刷。

2. 选择牙膏的小窍门

（1）不选药物牙膏；

（2）选择泡沫较少的牙膏。

同学们，你是如何选择牙刷和牙膏的？

练一练

小牙刷，手中拿，我呀张开小嘴巴。

刷左边，刷右边，上下里外都刷刷。

早上刷，晚上刷，刷得牙齿没蛀牙。

张张口，笑一笑，我的牙齿刷得白。

（节选自肖玲作词的《刷牙歌》，有改动）

！ 小贴士：刷牙时间一般不能少于 3 分钟！

第二单元

身体保健

第3课　认识我们的身体

✈ 动一动

请你听歌曲《幸福拍手歌》，跟着歌词一起做动作（拍拍手、跺跺脚、拍拍肩）。

✏ 学一学

身体的部位

下图中标出了组成身体的各个部位，请先认一认，然后对照图片，在自己的身体上指一指它们的位置。

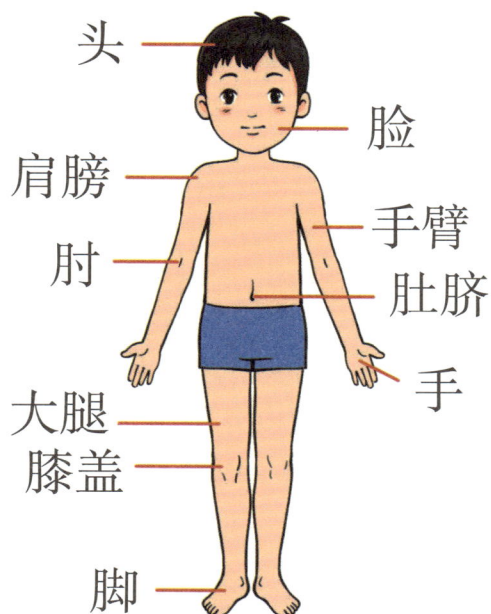

想一想

人体主要器官的分布位置

　　下图标出了人体主要器官，请先认一认，然后对照图片，在自己的身体上指一指它们的大致位置，并说说它们的本领。

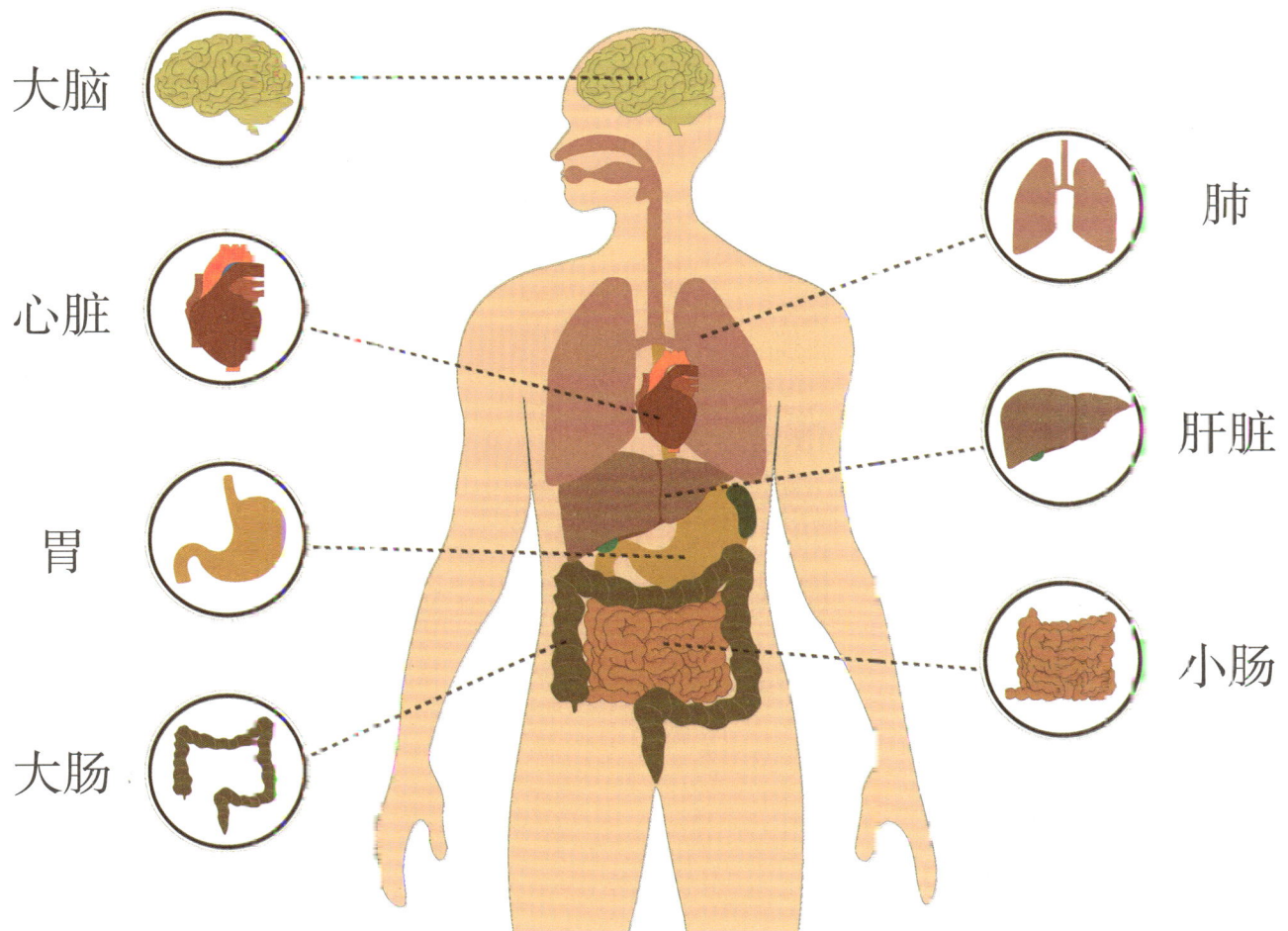

大脑

心脏

胃

大肠

肺

肝脏

小肠

　　同学们，你还能说出一些人体的其他主要器官和它们的本领吗？

练一练

"你说我做"小游戏

游戏规则:

两人一组,一人发令(命令中包含一个身体部位),另一人做动作,做满五个动作后两人互换角色。

例:

甲(发令):拍一拍你的手!

乙(做动作):(拍手)。

甲(发令):摇一摇你的头!

乙(做动作):(摇头)。

甲(发令):碰一碰你的膝盖!

乙(做动作):(碰膝盖)。

甲(发令):耸一耸你的肩膀!

乙(做动作):(耸肩)。

甲(发令):摸一摸你的脸!

乙(做动作):(摸脸)。

(甲、乙互换角色,乙发令,甲做动作。)

......

第4课　认识身体的变化

听一听

请你听故事《小熊想长高》。

学一学

身体的正常变化：生长与发育

同学们，随着一天天长大，我们的身体也在不断发生变化。其中，身高和体重是评价儿童生长发育情况最常用的形态指标。

身高的变化：
我长高了！

体重的变化：
我变重了！

为了身体健康，我们需要做到以下三点。

1. 摄入均衡的营养

2. 进行适度的运动

3. 保证充足的睡眠

想一想

身本的异常变化：不适与症状

同学们，我们的身体有时会释放一些信号来提醒我们可能生病了！

> 打喷嚏、流鼻涕、咳嗽……这是身体在提醒我们：可能感冒了！

> 夏天，在阳光下待久了，感到头晕、无力、恶心…… 这是身体在提醒我们：可能中暑了！

在日常生活中，我们也能借助一些简单的医疗器具，及时发现身体的一些异常情况，如用体温计测量体温是否正常。

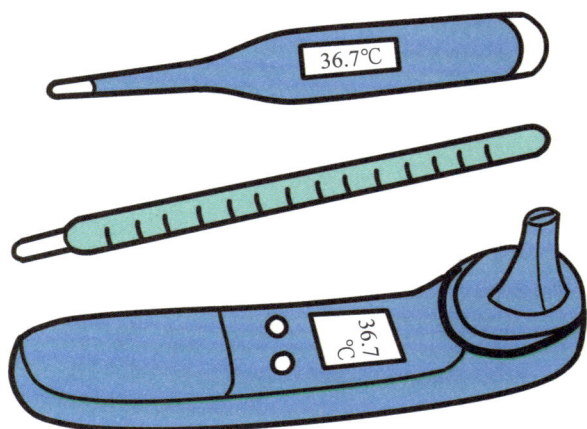

体温计用于测量人体体温。人体的正常体温是 36.0℃~37.0℃。许多疾病如感冒、肺炎等发生时，都有发热症状，表现为体温升高。

同学们，我们身体还会出现哪些不适来提醒我们生病了呢？

练一练

我的健康档案

姓名：

日期：

项目	检查结果
身高（cm）	
体重（kg）	
体温（℃）	

小贴士：生活中要留心观察，关注自己的身体变化！

第三单元

营养保健

第5课　认识营养素

? 猜一猜

红脸戴绿帽，营养价值高。

土里发现它，还需用力拔。

（打一蔬菜）

学一学

人体所需的七大营养素

营养素是食物中具有特定生理作用，能维持机体生长、发育、运动、生殖及正常代谢所需的物质。

人体需要的营养素有四十多种，可以归纳为七大类，称为"七大营养素"。

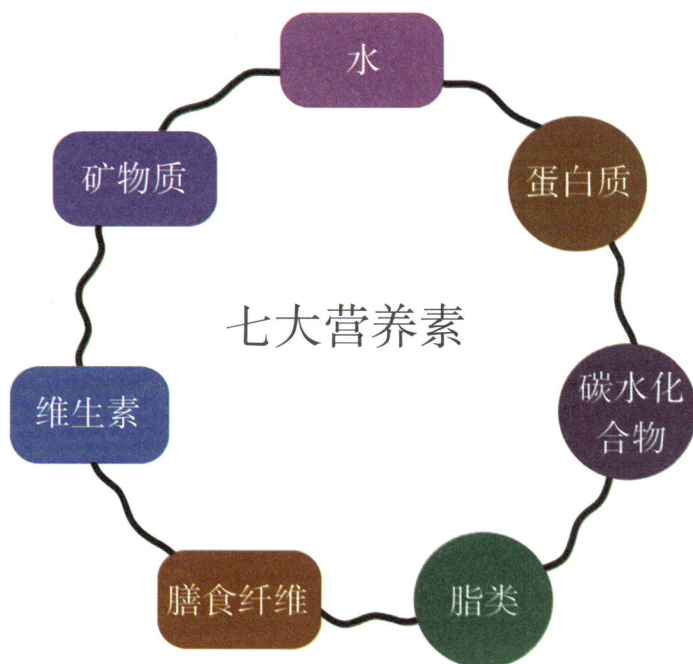

水

矿物质

蛋白质

七大营养素

维生素

碳水化合物

膳食纤维

脂类

想一想

蛋白质——生命的基础物质

脂类——重要的储能物质

碳水化合物——能量的主要来源

同学们，你平常吃的食物中有哪些营养素呢？

练一练

在下面词语中找一找，把七大营养素的名称圈出来。

鸡蛋　蛋白质　牛奶　水　瘦肉　维生素　面包　脂类

碳水化合物　土豆　矿物质　玉米　水　膳食纤维

！ 小贴士：任何一种营养素都是我们不可缺少的！

第 6 课　膳食与营养

说一说

请你说一说今天的早饭吃的是什么？

学一学

一日三餐的分配

我们一日三餐要做到定时定量。早餐提供的能量占全天总能量的 25% ~ 30%，午餐占 35% ~ 40%，晚餐占 30% ~ 35%，两餐要间隔 4 ~ 6 小时。

早餐 25%~30%
午餐 35%~40%
晚餐 30%~35%

早餐是一天最重要的一顿饭，吃好早餐可以让我们全天精力充沛。不吃早餐、吃得太少或食物选择不当，都会影响学习和健康。

午餐是一天主要的一餐，要吃饱吃好。

晚餐不要吃得太饱，吃得太多会引起肥胖。

想一想

膳食平衡

一日三餐除了要定时定量，更重要的是食物要多样，保证人体所需的营养。三餐的食物应包括主食，搭配蔬菜、肉类、鱼虾类、蛋类、奶类等。零食不能代替正餐，果汁不能代替水果。

选自《中国居民膳食指南（2022）》

同学们，我们应该怎样安排自己的一日三餐呢？

练一练

每天吃早餐，聪明又健康。

荤素要搭配，鸡蛋不要忘。

牛奶与豆浆，能帮助生长。

蔬菜和水果，加上更营养。

！ 小贴士：合理、均衡的膳食可以改善我们的健康状况，减少慢性病的发生，有利于我们的生长发育！

第7课　营养与健康

? 猜一猜

半个朋友。

（打一字）

学一学

健康饮食宝典

1. 认识食物，了解食物的营养特性。

2. 三餐合理，规律进餐。

3. 合理选择零食，足量饮水，不喝含糖饮料。

4. 不偏食节食，不暴饮暴食。

5. 每天活动 1 小时，增加户外活动时间。

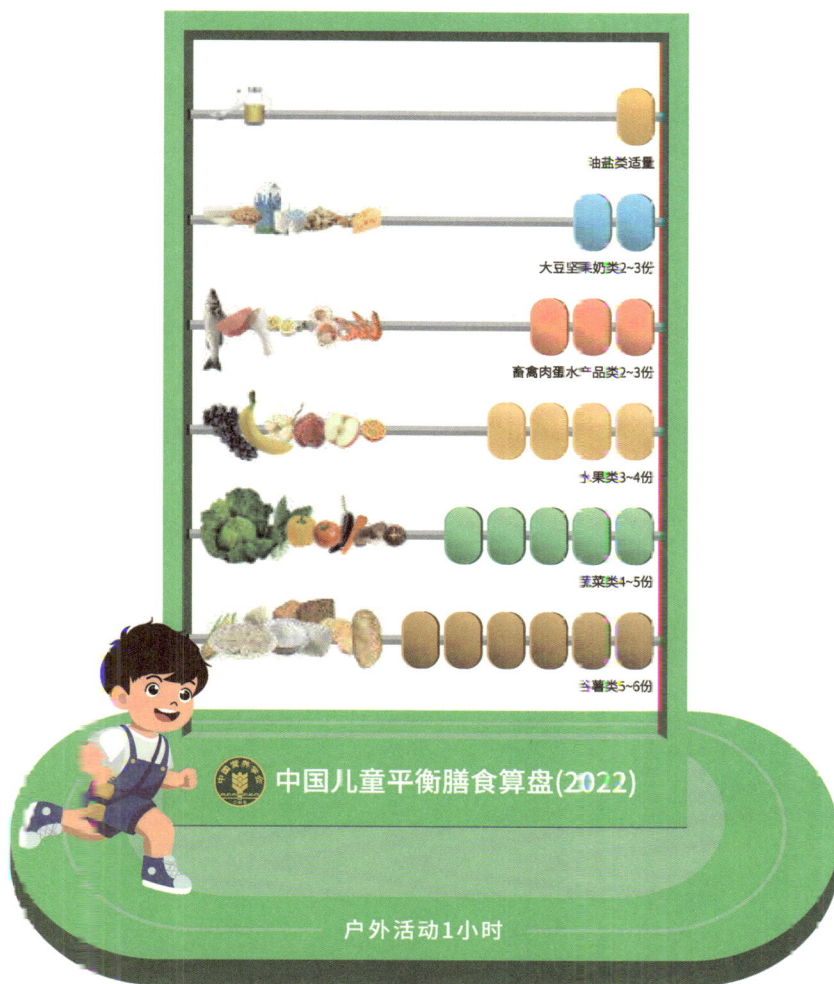

油盐类适量

大豆坚果奶类2~3份

畜禽肉蛋水产品类2~3份

水果类3~4份

蔬菜类4~5份

谷薯类5~6份

中国儿童平衡膳食算盘(2022)

户外活动1小时

选自《中国居民膳食指南（2022）》

想一想

营养不良

营养不良是指由于摄入不足、吸收不良或者过度损耗营养素所造成的营养不足，也指由于暴饮暴食或过度摄入特定的营养素而造成的营养过剩。不适当的饮食使人体营养素摄入不足或不平衡，是造成营养不良的主要原因。

肥胖

肥胖是指机体脂肪总含量过多或局部含量增多及分布异常，会增加患高血压、糖尿病、冠心病、痛风等慢性疾病的风险。大多数人的肥胖与遗传和环境因素有关。高能量膳食、不健康的饮食行为以及体力活动过少等是影响肥胖发生、发展的重要环境因素。

同学们，我们应该怎样做才能避免营养不良与肥胖呢？

练一练

同学们，请你给自己评一评，以下方面都做到了吗？做到了，在括号内打"√"。

1. 认识食物，了解食物的营养特性。　　　　　　　（　　）

2. 三餐合理，规律进餐。　　　　　　　　　　　　（　　）

3. 合理选择零食，足量饮水，不喝含糖饮料。　　（　　）

4. 不偏食节食，不暴饮暴食。　　　　　　　　　　（　　）

5. 每天活动 1 小时，增加户外活动时间。　　　　　（　　）

小贴士：饭前便后要洗手，避免病从口入！

第四单元

疾病预防

第 8 课　好习惯保健康

💬 说一说

你知道这个标志代表什么意思吗？

✏️ 学一学

卫生好习惯

1. 他们为什么肚子疼？

（1）吃没有洗的水果。

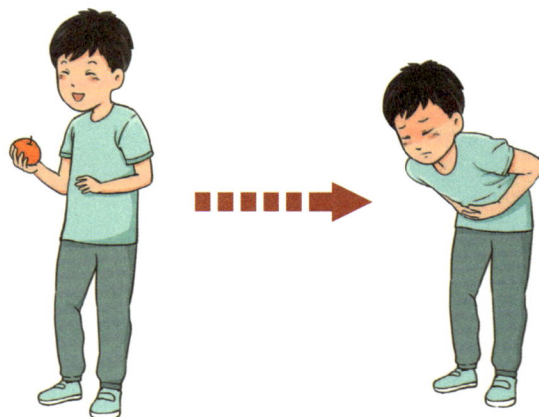

（2）喝生水。

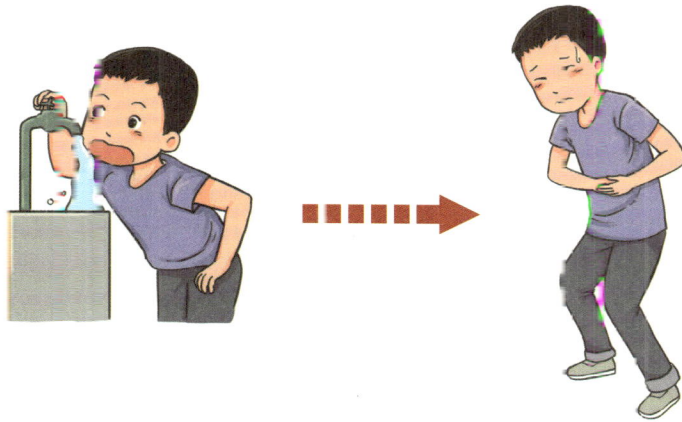

2. 不良的卫生习惯给我们带来了什么？

（1）污染环境。

（2）传染疾病。

你们得了红眼病。

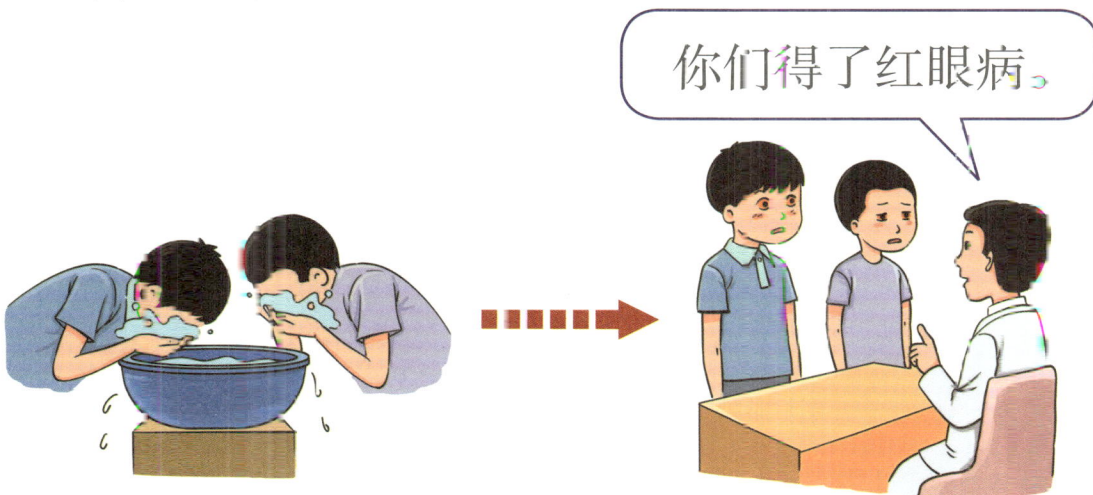

3．我们不能这样做！

（1）乱丢果皮纸屑。

（2）随地吐痰。

（3）共用洗漱用品。

（4）喝生水，吃没有洗净的瓜果。

（5）乱涂乱画。

练一练

关于以下卫生行为习惯，你做得怎么样？请给自己评一评。

卫生行为习惯	做得很好	做得一般	不够好，需改进
不喝生水			
不吃没洗净的瓜果			
不乱扔垃圾			
不乱涂乱画			
不随地吐痰			
不共用洗漱用品			

第9课　疫苗接种

说一说

请你说一说自己最近一次打疫苗的时间。

学一学

疫苗的种类和作用

儿童时期，我们需要接种许多不同的疫苗来预防各种传染病。

乙肝疫苗　　卡介苗　　脊髓灰质炎　　百白破疫苗
　　　　　　　　　　　　　疫苗

流脑疫苗　　麻腮风疫苗　　乙脑疫苗

　　不同的疫苗可以预防不同的疾病，以下是一些常用疫苗能够预防的疾病。

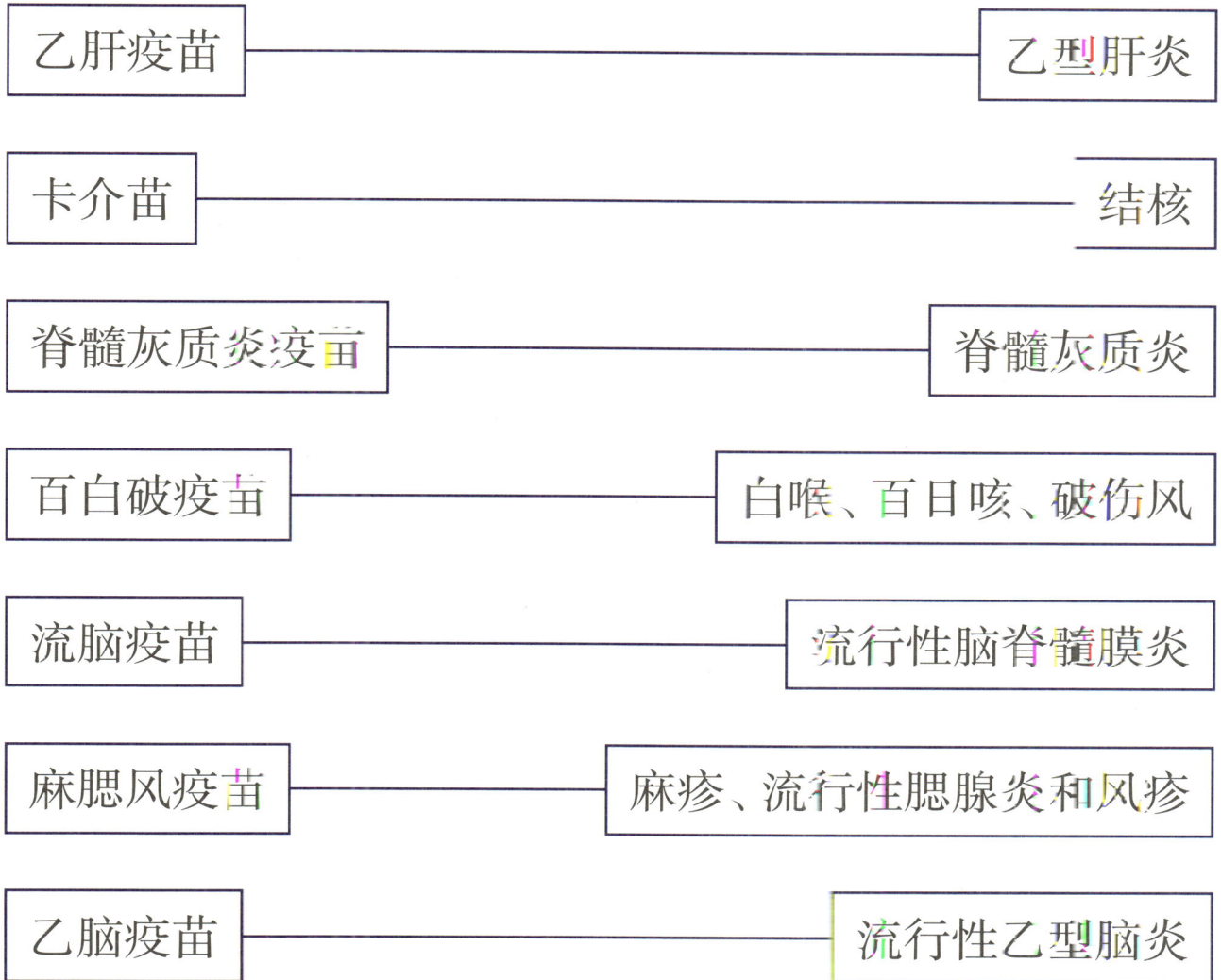

乙肝疫苗	——————————	乙型肝炎
卡介苗	——————————	结核
脊髓灰质炎疫苗	——————————	脊髓灰质炎
百白破疫苗	——————————	白喉、百日咳、破伤风
流脑疫苗	——————————	流行性脑脊髓膜炎
麻腮风疫苗	——————————	麻疹、流行性腮腺炎和风疹
乙脑疫苗	——————————	流行性乙型脑炎

　　每个人都必须按照免疫程序的要求，完成疫苗的接种。另外，还有一些疫苗，如水痘疫苗、流感疫苗等，属于自费疫苗，一般自愿选择是否接种。

想一想

"糖丸爷爷"的故事

你吃过糖丸吗？它是一种预防小儿麻痹（bì）症（又称脊髓灰质炎）的疫（yì）苗。

20 世纪 50 年代，脊髓灰质炎在我国多地爆发，很多小朋友因此瘫痪（tān huàn）。1950—1960 年，顾方舟爷爷带领团队研制出首批"脊灰"活疫苗；1962 年，他们又研制出既方便运输，又让小朋友爱吃的糖丸疫苗。

可是，谁都没有想到，疫苗的第一期人体实验竟然是在顾爷爷和同事，以及他们自己的孩子身上进行的……

当时，没有条件做临床试验，为了证实疫苗在人体上的效果，顾爷爷拿生命试药，自己将疫苗药剂喝了下去！

一旦疫苗失效，等待他的只有瘫痪或死亡。所有的科研人员都被顾爷爷感动了，全部自发喝下了第一批疫苗药剂。

10 天后，所有人员都安然无恙，可药物对成人有效并不代表对孩子也有效。问题是，谁愿意拿自己的孩子做试

验呢？

顾爷爷含着眼泪，给自己的孩子吃下了第一批疫苗药剂，其他成员也纷纷含泪给自己的孩子吃了下去。

经历了 10 天的漫长煎熬，所有的孩子都没有出现不良反应，疫苗成功了！这时，一向坚强的顾爷爷和同事们抱在一起哭了……

2000 年，"中国消灭脊髓灰质炎证实报告签字仪式"举行，时年 74 岁的顾爷爷作为代表，郑重签下了自己的名字。从无疫苗可用到消灭脊髓灰质炎，顾爷爷用 40 多年护佑中国儿童远离小儿麻痹症。面对如此巨大成就，顾爷爷却谦逊地说：我一生只做了一件事，就是做了一粒小小的"糖丸"。

（摘自《中国儿童报》，有改动）

同学们，你吃过糖丸或接种过脊髓灰质炎疫苗吗？你有什么话想对顾爷爷说？

练一练

请回家找一找你的预防接种证，查一查自己的接种记录。

第10课　学会拨打求助电话

说一说

在遇到困难时，你能记起哪些电话号码？

学一学

正确拨打 110、120 与 119

1. 学会拨打 110

　　一天，强强一个人在家，忽然听到敲门声，他透过门上的猫眼看到了一个陌生人，他想了一下，没有开门。这时，他发现陌生人居然开始撬他家的门锁。强强赶紧拨打电话，跟警察说明情况。

如果碰到打架斗殴、盗窃抢劫等情况，你会怎么做？我们应该像强强一样拨打 110，向对方讲清什么地方发生了什么事情。警察接到电话后会马上赶过来处理。

2. 学会拨打 120

朵朵和爷爷在家看电视，爷爷突然昏倒，朵朵吓得哭了起来。但她马上镇静下来，根据以前老师教过的方法拨打了 120，并说清了家住在哪里，爷爷的状况是什么。救护车很快就来了，将爷爷送到了医院。

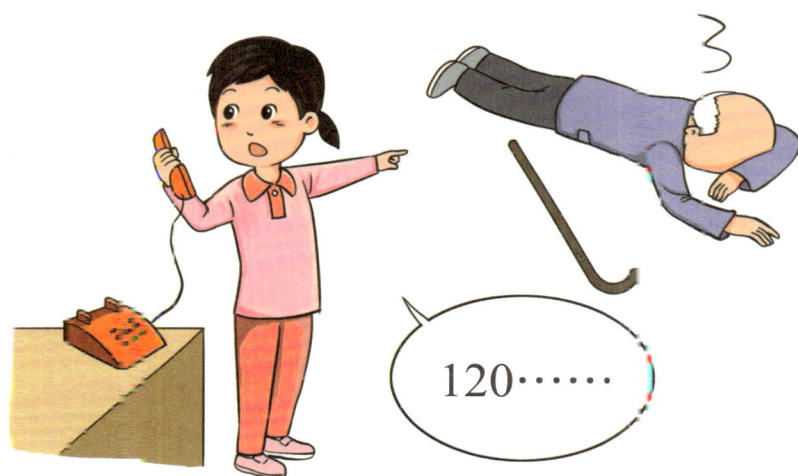

同学们，在发生疾病或受伤时，可以拨打医疗急救电话 120。拨打电话时，尽可能说清病人所在位置、发病或者受伤的时间、疾病表现等信息，然后等待救护车和急救医生前来施救。

3. 学会拨打 119

淘淘一个人在家玩火，一不小心把窗帘烧着了，他吓坏了，赶紧拨打了火警电话 119。

淘淘：不好了！不好了！我家着火了，烧起来啦！

接警员：孩子别急，慢慢说！你家住在哪儿？

淘淘：我家住虹梅路。

接警员：几号楼几零几？你一定要把地址说清楚！不然我们找不到。

淘淘：我家住在 18 号 201 室。

接警员：好的。是什么东西着火了？现在火势怎么样？

淘淘：是窗帘着火了，现在火势很大。

接警员：好的！我们马上来！把你的姓名、电话留下，我们保持联系。

淘淘：我好害怕！

接警员：别怕，我们马上赶到。

火警电话 119

同学们，一旦发生火灾，你知道该怎么做吗？我们要向接警员说清楚发生火灾的详细地点，包括街道名称、几栋几号等，还要告诉接警员是什么东西着火了，火势怎么样，并要留下姓名、电话，方便联系。

　　生活中常常会发生许多意想不到的情况，当我们遇到意外情况时，要学会求助，避开危险，保护好自己和家人。

练一练

　　火警电话 119，火灾出现就用它。

　　报警电话 110，急需帮助求救它。

　　救护电话 120，病情严重马上打。

　　三个电话牢牢记，自我保护意识强。

第五单元

眼睛保健

第 11 课　认识我们的眼睛

？ 猜一猜

上边毛，下边毛，中间夹颗黑葡萄；

上大门，下大门，关起门来就睡觉。

（打一身体部位）

学一学

眼球结构

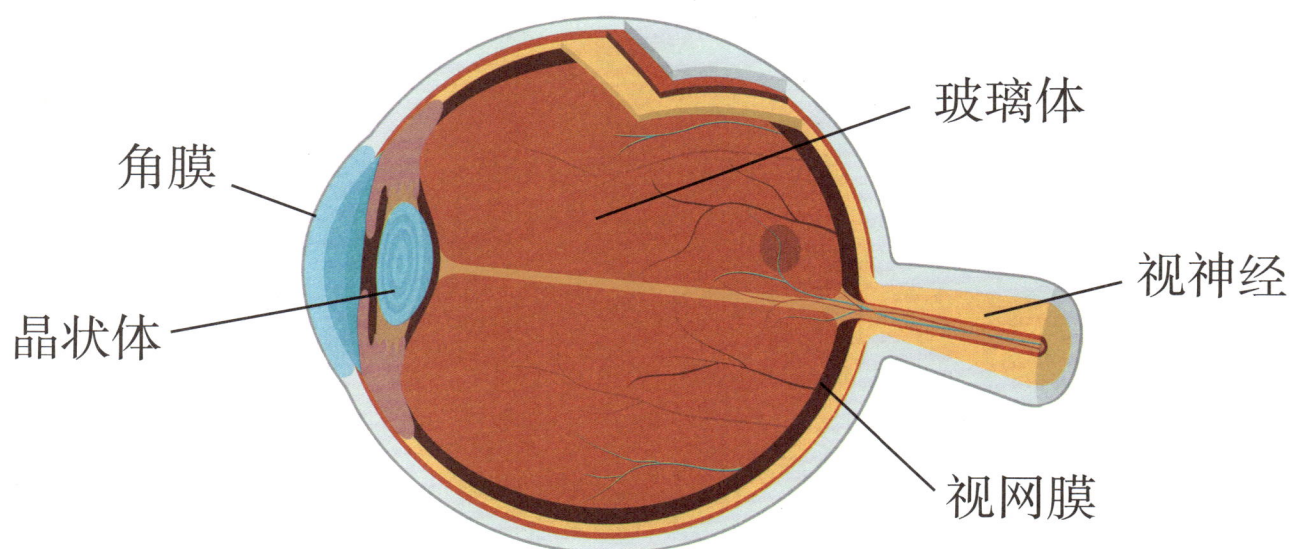

角膜

晶状体

玻璃体

视神经

视网膜

想一想

灰尘进入了眼睛，该怎么办？

1. 减少眨眼，不要揉眼。

2. 立刻向老师或家长说明情况。

3. 在老师或家长指导下可使用洗眼器冲眼。

同学们，如果有异物进入眼睛，还有哪些处理办法？

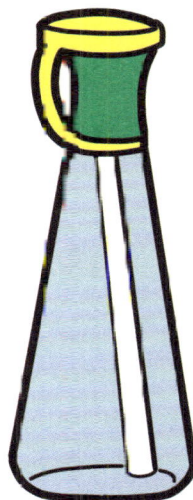

练一练

请你在眼的模型上指一指，并说出各个结构的名称。

> **小贴士：** 角膜很娇嫩，容易受伤，因此灰尘进入了眼睛不要用力揉！

第 12 课　正确滴眼药水

说一说

这位同学正在干什么？

学一学

滴眼药水的正确方法

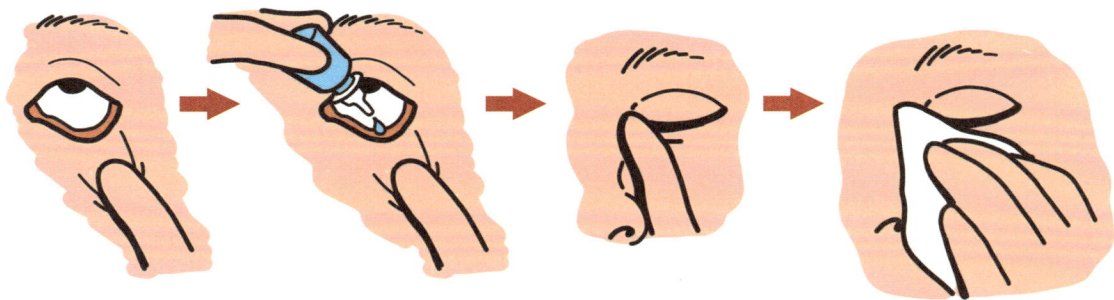

1. 用干净的手，按住下眼睑，轻轻往下拉，眼睛稍稍往上看。

2. 向下眼睑和巩膜中间的暴露部位滴一滴眼药水。

3. 轻轻闭眼，并轻按内眼角约 10 秒，以减少药水漏入口腔。

4. 用干净柔软的纸巾或手帕轻轻将溢出的药水擦去。

想一想

如何正确保存眼药水？

1. 眼药水开启后，使用时间不要超过 4 周。

2. 眼药水开启后建议存放在冰箱冷藏室内。

3. 使用完眼药水后要拧紧盖子。

4. 眼药水要放在家中固定的位置，不能乱放。

5. 要记得自己用的眼药水有哪几种，并且能够辨别，不要拿错眼药水。

同学们，你还有哪些保存眼药水的好方法？

练一练

请你在家长的看护下，自己试着滴一滴眼药水。

小贴士：一种眼药水滴好后，需要间隔 10 分钟才能滴另一种！

第 13 课　饮食与护眼

💬 说一说

请你说一说自己最喜欢吃的蔬菜。

✏️ 学一学

眼睛必需的营养素

蛋白质：构成眼球的主要成分，眼睛正常功能的维持离不开蛋白质。

富含蛋白质的食物

维生素 A：缺乏时，会导致在夜晚看不清东西；充足的维生素 A 能增加角膜的光洁度，使眼睛更明亮。

富含维生素 A 的食物

维生素 B_1：缺乏时，眼睛会变得干涩，或发生视神经疾病。

维生素 B_2：缺乏时，易诱发眼肌痉挛、畏光、视力模糊等症状。

富含 B 族维生素的食物

维生素 C：晶状体的重要营养成分。

富含维生素 C 的食物

叶黄素与玉米黄素：人眼视网膜内特别需要的抗氧化色素。一般来说，菠菜含有丰富的叶黄素，玉米富含玉米黄素。

菠菜

玉米

练一练

请你和家长说一说眼睛需要的营养素有哪些，并与家长一起做一份"护眼大餐"吧！

小贴士：一些刺激性强的食物，如蒜、葱、辣椒、胡椒等对眼睛有害，要少吃！